HISTOIRES

URBAINES ET RURALES

PAR

ROLAND DE CADEHOL

Soixante Centimes

EN VENTE

A BREST, aux Bureaux du *Républicain du Finistère,* place Latour-d'Auvergne, 4
A la Librairie Y. JAOUEN, rue de Siam, 84.

A PARIS
F. ROY, Libraire-Editeur, rue Saint-Antoine, 185.

A CAEN
LE GOST CLERISSE, Place Fontette.

A VIRE
V. BAULT, rue du Calvados.

1877

HISTOIRES

URBAINES ET RURALES

Chacune des Nouvelles composant ce volume peut être reproduite par les Journaux ayant un traité avec la Société des Gens de Lettres.

HISTOIRES
URBAINES ET RURALES

PAR

ROLAND DE CADEHOL

Soixante Centimes

EN VENTE

A BREST, aux Bureaux du *Républicain du Finistère,* place Latour-d'Auvergne, 4
A la Librairie Y. JAOUEN, rue de Siam, 84.

A PARIS
F. ROY, Libraire-Editeur, rue Saint-Antoine, 185.

A CAEN
LE GOST CLERISSE, Place Fontette.

A VIRE
V. RAULT, rue du Calvados.

1877

BREST. — IMPRIMERIE ROGER PÈRE, RUE SAINT-YVES, 32.

HISTOIRES

URBAINES ET RURALES

MA PETITE TANTE

I

Mesnilvoisin...

Que de souvenirs charmants, que de pensées énivrantes ce nom rappelle à ma mémoire ! Quel passé séduisant et cher il ressuscite à mes yeux !

Je revois le château qui date de l'autre siècle, le parc aux taillis épais, ombreux, discrets, et l'Essonne, dans les eaux fraîches et limpides de laquelle il faisait si bon de se plonger.

Je revois aussi, perdu au milieu du fourré, le pavillon que cache un lierre touffu, asile mystérieux, où s'abrita mon premier amour.

De cela il y a plus d'une année.

J'avais dix-huit ans alors, et des illusions. Je ne doutais de rien. J'entrais dans la vie, et je voyais l'existence au travers d'un prisme éblouissant, enchanteur. Dans l'innocence de mon âme, je croyais fermement à tout ce qui est beau, à tout ce qui est noble, à tout ce qui est bien, à la loyauté, au désintéressement, à la vertu, à l'amour.

Aujourd'hui, toutes ces saintes croyances sont envolées ; l'expérience les a remplacées. Mais ce que j'ai perdu en fraîcheur et en délicatesse de sentiments, je l'ai gagné en force, en virilité et en adresse. D'aucuns disent qu'il y a compensation.

Un matin, vers le milieu du mois d'août, Annette, la jolie femme de chambre de ma mère, pénétra par extraordinaire, dans mon appartement, dont l'entrée lui était rigoureusement interdite, — et pour cause.

Elle venait me prier de passer chez ma mère, sans retard.

Je sautai aussitôt à bas du lit, et, un quart d'heure après, juste le temps de faire un peu de toilette, je frappais à la porte de ma mère.

Elle n'était pas encore levée. Annette vint m'ouvrir et, sur un signe de sa maîtresse, elle se retira.

— Ma mère, demandai-je, dès que nous fûmes seuls, qu'avez-vous donc à me communiquer ?

Elle me répondit d'un ton grave qui m'impressionna :

— Guy, j'ai à vous entretenir de choses importantes.

— Je vous écoute.

Je roulai un fauteuil auprès du lit et je m'assis.

— Mon fils, commença ma mère, j'ignore si vous avez jamais eu des illusions à cet égard, mais nous ne sommes pas riches. Votre père, enlevé par une mort prématurée, nous a laissé, pour tout bien, une modique fortune, pas mal ébréchée depuis par les dépenses qu'ont nécessitées votre instruction et le rang que nous devons tenir dans le monde. Nous avons dépensé bien au-delà de nos revenus, et nos dettes sont nombreuses. En présence d'une telle situation, le premier venu n'aurait pas hésité. Renonçant à des projets formés dans des temps plus prospères, il aurait quêté une humble place dans quelque grande administration publique. C'eût été sagement agir. Mais, vous, mon fils, vous n'êtes pas le premier venu. Votre père, quand la mort vint le frapper, rêvait pour vous de plus brillantes destinées. Il voulait vous faire entrer dans la diplomatie. Aujourd'hui qu'il n'est plus, ses intentions ne doivent pas moins s'accomplir. A mon avis, la diplomatie est la seule carrière qu'il vous soit possible d'embrasser sans déchoir. Je vous ai donc cherché des protecteurs assez puissants pour vous pousser et vous faire arriver promptement. Mon frère, le baron Bastien de Rocloses, n'est pas le moins influent.

Depuis mon mariage avec votre père, le baron a cessé de me voir pour des causes qu'il serait oiseux de rappeler. J'ai été le trouver, et, cédant à ma prière, il m'a promis qu'il s'occuperait de vous et qu'il vous appuierait comme si vous étiez son propre enfant. J'espère bien, Guy, que vous ne ferez pas la sottise d'épouser des querelles de famille qui ne vous regardent nullement, et que vous saurez vous servir de l'influence considérable que je mets à votre disposition. Le baron de Rocloses est impatient de vous voir; demain vous partirez pour le château de Mesnilvoisin qu'il habite avec la baronne tout le temps de la belle saison. Mon frère est déjà âgé; vous, vous êtes jeune, beau, distingué; nul doute que vous ne lui plaisiez, si vous voulez vous en donner la peine. Ses yeux charmés, il ne restera qu'à captiver son cœur, et ce sera, avec les ressources naturelles que vous possédez, une chose extrêmement facile, un vieillard de son âge étant toujours très sensible aux marques de respect, aux attentions et aux prévenances d'un jeune homme du vôtre.

Quant à la baronne, je ne l'ai jamais vue, je ne la connais pas. Tout ce que je sais, c'est qu'elle est jeune, d'une rare beauté, d'une élégance peu commune. Par tous les moyens en votre pouvoir, tâchez de gagner son affection. Il vaut toujours mieux avoir une jolie femme pour alliée que pour ennemie. On ne connaît à la baronne aucun attachement sérieux. Je pense que vous conquerrez aisément sa sympathie. Appliquez-vous de toutes vos forces à la gagner à votre cause, vous ne sauriez trouver de meilleur auxiliaire. Mais gardez-vous avec soin des entraînements de votre âge. Souvenez-vous bien que vous êtes l'unique héritier de votre oncle, qui n'a pas d'enfants et qui n'en aura jamais... à moins que le diable ne s'en mêle. Relisez l'histoire de France, elle est pleine d'enseignements précieux; vous y verrez à quoi il tint que François d'Angoulême, le neveu de Louis XII, ne devint pas François Ier. A bon entendeur...

Voilà, mon fils, ce que j'avais à vous dire. Pardonnez-moi la gravité de cet entretien, qui est presque un sermon, mais dont l'importance ne doit pas vous échapper.

II

Le lendemain, je débarquai à Mesnilvoisin.

Je dois le dire, la perspective d'un séjour à Mesnilvoisin me réjouissait médiocrement Je regrettais Paris et l'incomparable vie parisienne, à laquelle je venais de goûter. Avec un secret effroi, je me demandais ce que j'allais devenir dans ce château, entre une jeune femme qui devait nécessairement m'être hostile et un vieillard, quinteux sans doute, susceptible, grondeur, qui avait à mes yeux le tort impardonnable de n'avoir pas aimé mon père. Cependant, les conseils de ma mère me revenant à l'esprit, je réussis à refouler au fond de mon âme le sentiment d'éloignement que j'éprouvais, et je pris la ferme résolution de ne rien laisser voir de ce qui se passait en moi. L'accueil gracieux qui me fut fait, contribua encore à m'affermir dans ces idées.

A peine la calèche qui avait été envoyée au-devant de moi jusqu'à la gare, venait-elle de s'arrêter au bas du perron, que le baron et la baronne de Rocloses apparurent sur la dernière marche.

C'était une réception officielle qu'on me préparait. Ce cérémonial, indice du cas qu'on faisait de moi, me réconcilia un peu avec Mesnilvoisin et ses hôtes.

Dès que le valet eut ouvert la portière et déployé le marchepied, je sautai à terre et gravis lestement la demi-douzaine de degrés qui me séparaient de monsieur mon oncle et de madame ma tante.

Il paraît que je me présentai assez convenablement, car mon oncle, après m'avoir fort cordialement serré la main en souriant, m'assura que j'étais le vivant portrait de ma mère vingt années plus tôt et me demanda la permission de m'embrasser.

Moins expansive, Mme de Rocloses se contenta de me tendre sa main blanche, que je touchai à peine. Elle me dit que j'étais le bien-venu et qu'elle était très-heureuse de faire connaissance avec le neveu de son mari.

Je la remerciai de ses bonnes paroles, l'assurant qu'elle ne se repentirait jamais de m'avoir accordé un peu de son affection, etc., etc...; puis, mes yeux se levant sur elle, je devins rouge et je restai subitement interdit et bouche béante...

Ma tante était adorablement belle, une chose dont je doutais un peu, quoique m'eût dit ma mère.

Elle avait vingt-cinq à vingt-huit ans, ma tante. Ses traits possédaient ce fini merveilleux, ses formes, cette opulence voluptueuse qu'on est convenu d'appeler l'apogée de la beauté des femmes.

J'étais en extase devant elle. Je la regardais et je ne savais plus que dire. Je ne me souvenais pas que nulle femme, malgré mon impressionabilité juvénile, eût jamais produit sur moi-même semblable impression.

Par bonheur, mon oncle vint à mon secours, il appela un domestique et lui ordonna de me conduire à l'appartement qui m'était destiné.

Pour cacher mon trouble, je me hâtai de suivre mon guide. Néanmoins, en m'éloignant, j'entendis M. de Rocloses dire :

— Ce garçon est un peu timide, nous le formerons.

A quoi ma tante répondit :

— Il ne faut pas lui en vouloir, il sort du collége et c'est presque encore un enfant.

Ainsi Mme de Rocloses me considérait comme un enfant. J'enrageais. Toute autre personne, le baron lui-même, m'aurait appliqué cette épithète que je n'y aurais pas fait attention, mais de la part de ma tante, ce mot d'enfant me chagrina, je ne sais pourquoi. Voilà donc l'effet que j'avais produit sur celle dont la vue m'avait remué jusqu'au fond de l'âme ! Pourtant il m'était raisonnablement impossible de lui en vouloir.

J'étais en proie à une de ces sensations étranges et bizarres qui se conçoivent si bien et s'expriment si mal. Toutes les phrases du monde ne pourraient rendre ce que je ressentais. Je manquais de force, d'énergie, et, dès que je fus seul, je me jetai accablé sur un canapé. Je fermai le yeux et je me mis à songer à Mme de Rocloses. Je faisais des efforts inouïs, inimaginables pour me rappeler chacun de ses traits, chaque expression de son visage et ce regard, d'une douceur caressante, d'une puissance magnétique qu'elle avait abaissé sur moi. Tout d'un coup, l'espèce de prévention que je nourrissais contre

Mme de Rocloses s'était évanouie, remplacée par un enthousiasme ardent, irréfléchi, spontané.

De temps en temps cependant j'essayais bien de me révolter contre l'influence souveraine que ma tante, à son insu, prenait sur moi. Tentative vaine ; son prestige était de ceux dont on ne s'affranchit pas.

Quinze jours se passèrent de la sorte, au bout desquels mon oncle nous annonça qu'il quittait Mesnilvoisin pour une semaine. Il allait à Paris solliciter le ministre en ma faveur et hâter ma nomination au poste d'attaché d'ambassade.

Mme de Rocloses et moi restâmes seuls au château.

Je n'en espérais rien et pourtant cet isolement me ravit.

J'éprouvais une satisfaction singulière en pensant que durant toute une semaine, ma tante n'aurait d'autre cavalier que moi. Et puis, dans l'espace de cette semaine, je comptais qu'il se présenterait une occasion de lui prouver ce que je valais. Peut-être aurais-je la chance qu'elle courût un grand danger auquel je l'arracherais. Alors il faudrait bien qu'elle reconnût que je n'étais pas un enfant. Par moment, il me prenait des envies folles de mettre le feu au château pour ensuite m'élancer au secours de ma tante, l'arracher du milieu des flammes et l'emporter dans mes bras.

Très-certainement je perdais la tête.

Tout cela était bel et bien de l'amour, mais je ne m'en doutais même pas. Du reste, j'avais le mieux du monde oublié les dernières recommandations de ma mère.

III

M. de Rocloses était absent depuis huit jours déjà.

Nous étions là, ma tante et moi, feuilletant les journaux et les revues arrivés le matin de Paris, attendant des visites qui ne venaient pas. La conversation languissait. Il faisait une chaleur insupportable qui nous plongeait dans une demi-somnolence proche voisine du sommeil. Je voyais le moment où Mme de Rocloses allait succomber, où ses paupières allaient se fermer, quand, secouant la torpeur qui l'envahissait, elle me dit :

— On étouffe ici. Si vous voulez m'accompagner, Guy, nous irons chercher un peu d'air et de fraîcheur au bord de la rivière ?

— Je le veux bien, répondis-je.

— Comme vous dites cela, reprit-elle. Je ne prétends pas vous imposer mes caprices : et pour peu que cette promenade vous déplaise, ne vous gênez pas, refusez.

Et je sentis, son regard, son beau regard fascinateur et irrésistible que je ne pouvais soutenir, s'arrêter sur moi.

— Oh ! Madame, fis-je avec un élan passionné, si vous saviez combien je suis heureux auprès de vous, vous ne parleriez pas ainsi ! Je vous suivrais jusqu'au bout de la terre.

— Pour le quart-d'heure, dit-elle, je ne veux pas vous emmener si loin.

Après un silence, elle ajouta :

— Voyons, Guy, mon enfant, pourquoi ne m'appelez-vous pas votre tante ?

— Parce que vous êtes trop belle !

J'eus à peine prononcé ces mots que je me sentis rougir comme un écolier.

Pour détourner l'attention, je continuai :

— Vous, madame, pourquoi m'appelez-vous toujours enfant ?

— Est-ce que cela vous contrarie, monsieur Guy ? dit-elle... mais c'est un terme d'amitié.

Et elle me donna une petite tape sur la joue.

La main, presque diaphane à force d'être blanche, effleura mes lèvres qui essayèrent d'y imprimer un baiser.

— Tiens, tiens... fit la jeune femme en souriant de ce sourire divin qui découvrait ses dents éblouissantes et me plongeait dans une extase sans nom...

Depuis lontemps nous avions quitté le salon.

Nous suivions une longue avenue bordée de peupliers et de saules, et cotoyée par la rivière. Autour de nous aucun bruit que le craquement des feuilles sèches que nous écrasions sous nos pas. Nous avancions toujours, nous occupant fort peu du chemin que nous faisions. A mesure que nous nous éloignions du château, l'avenue se rétrécissait, l'herbe empiétait sur le sable ; abandonnés à eux-mêmes, les arbres poussaient vigoureusement en tous sens; à chaque instant, une branche indisciplinée nous barrait la route; j'écartais l'obstacle et nous passions.

Nous nous trouvions dans la partie la plus reculée du parc.

Mme de Rocloses ne parlait plus. Son bras s'appuyait moins léger sur le mien, et il était impossible qu'elle ne sentît pas le battement de mon cœur. Son regard allangui se perdait dans le vide. Elle rêvait; moi je la regardais et je ne me lassais pas de l'admirer.

Elle avait une robe légère et traînante. Elle tenait ramassée dans sa main ses jupes qui auraient pu s'accrocher aux ronces, et j'apercevais le bas de sa jambe ronde, et galbeuse, et son petit pied mignon et cambré.

Je mourais d'envie de me laisser tomber à ses genoux, de prendre dans mes mains ce pied ravissant qui m'enchantait, et de le couvrir de baisers.

A quoi pensait-elle?

Pour mon compte, je pensais à elle, rien qu'à elle.

La première, elle rompit le silence.

— Guy, dit-elle, nous nous arrêterons au pavillon que vous découvrez là-bas. Je suis un peu lasse, je m'y reposerai quelques minutes; ensuite nous rentrerons au château.

Nous nous dirigeâmes vers le pavillon désigné. Il n'était plus éloigné; je commençais à le distinguer derrière un épais rideau de vieux chênes séculaires; il se composait d'une pièce unique, à laquelle on arrivait par un escalier rustique.

Mme de Rocloses lâcha mon bras et monta.

Je montais derrière elle, contemplant dans une ivresse profonde la souplesse de sa taille et la sûreté de son pied, qui se posait ferme et d'aplomb sur les marches vermoulues.

Tout à coup ma tante poussa un cri. Je la vis chanceler, essayer de se retenir, puis ne rencontrant sous sa main aucun point d'appui, tomber à la renverse. Je n'eus que le temps d'ouvrir les bras et de l'y recevoir.

Elle devait s'être foulé le pied, et la douleur et la peur l'avaient fait s'évanouir.

Je n'avais qu'un parti à prendre : le pavillon n'étant pas fermé, j'y pénétrai, et je déposai ma tante sur un canapé.

Je m'agenouillai près d'elle, et comme sa robe me semblait la gêner trop, j'en détachai quelques boutons.

Mon bras entourait sa taille, sa tête reposait sur mon épaule, ses lèvres touchaient presque ma joue... Comment retracer mon trouble et l'agitation de mes sens ! Je tremblais de tous mes membres, attendant, au milieu d'une horrible anxiété, qu'elle revint à elle. Sa respiration, opprimée d'abord, devenait plus libre et plus régulière ; elle ne pouvait tarder à recouvrer connaissance.

Enfin, ses yeux s'ouvrirent et, brillants, humides, se fixèrent sur les miens.

— C'est vous, Guy?... fit-elle.

— Comment vous trouvez-vous, demandai-je.

— Mieux. J'ai eu plus de frayeur que de mal. Grâce à vous, mon cher Guy, cette chute, qui pouvait être grave, ne sera rien.

— Avez-vous la force de marcher ? repris-je.

— Aidez-moi...

Elle noua ses deux bras autour de mon cou, les miens étreignirent sa taille, et elle fit un effort pour se soulever ; mais aussitôt elle pâlit et se laissa retomber sur le canapé ; moi, je me remis à genoux.

— Je vous porterai, murmurai-je.

Mme de Rocloses, encore mal remise, ne songeait pas à réparer le désordre de sa toilette. Elle me regardait sans prononcer une parole. Son corsage de gaze à petits pois était demeuré entr'ouvert et cachait très-peu, sous sa transparence, les splendides rondeurs de son sein et de ses épaules... Je ne pouvais pas ne pas voir... J'avais des éblouissements, j'aspirais avec délices les énivrantes effluves qui émanaient d'elle, parfum irritant qui me mettait hors de moi. Ses yeux ne s'écartaient plus des miens et me fascinaient; on eût dit qu'elle voulait lire au plus profond de mon âme.

— Pauvre petite tante, fis-je, pour dire quelque chose, vous souffrez?...

— Que vous êtes bon, Guy.

Et elle me tendit sa main qui me brûla.

— Parlez-moi donc, dit-elle.

Je me penchai à son oreille, éperdu, et fou.

— Je vous aime babutiai-je.

Un long frémissement parcourut son corps, ses yeux se fermèrent doucement sans qu'elle répondit rien.

Alors je m'enhardis au point de mettre un baiser sur ses lèvres roses.

. . . .

Depuis, ma tante et moi, nous sommes retournés bien des fois visiter le pavillon du parc de Mesnilvoisin.

Quant au baron de Rocloses, à son retour, il fut on ne peut plus satisfait de moi; il déclara que je m'étais vite formé et qu'il y avait de l'étoffe en moi.

IN PARTIBUS INFIDELIUM

Monseigneur***, évêque de Cocottopolis *in partibus infidelium*, venait de rentrer dans sa bonne ville de Paris, retour de Rome.

Monseigneur est un prédicateur brillant et un des causeurs les plus recherchés, les plus courus. Il est question de le nommer cardinal à la prochaine promotion.

On n'oublie jamais ce qu'on aime, et monseigneur rapportait de Rome, à l'intention de ses charmantes pénitentes, toute une cargaison d'indulgences partielles et plénières.

Dès qu'on sut son arrivée, chacun s'empressa de lui faire visite.

Son salon ne désemplissait pas. On s'assied, on se complimente, on bavarde un moment. Entre une méchanceté et une médisance, on glisse l'aveu d'un de ces péchés mignons si doux à commettre, puis on s'agenouille; monseigneur donne l'absolution, qu'il accompagne d'une légère, oh! très légère pénitence, et l'on s'en va pure, immaculée, joyeuse, — et toute prête à recommencer.

Vous pensez bien que la petite duchesse d'A... ne fut pas des dernières à faire sa visite. Une après-midi, elle fit atteler en disant :

— Chez monseigneur.

Elle arrive, entre, monte, traverse l'antichambre sans rencontrer de domestiques.

Elle va toujours, jusqu'à ce qu'elle se trouve à la porte du petit salon retiré où monseigneur a coutume de recevoir.

Et toujours personne pour l'annoncer.

Elle s'arrête, attend une minute, écoute...

Nul bruit.

Alors, la chère duchesse, de son doigt replié, se hasarde à frapper trois petits coups discrets à la porte.

Pas de réponse.

Madame d'A..., dont la patience n'est pas la vertu, n'y tient plus; elle tourne résolûment le bouton et entre...

Mais aussitôt elle recule, en faisant des efforts inouïs pour retenir un homérique éclat de rire, qui lui échappe malgré tout.

Monseigneur n'était pas seul... Monseigneur était avec une de ses pénitentes les plus fervantes, la jolie comtesse de C...

Et monseigneur, qui prêche la continence en termes si touchants, monseigneur s'était laissé induire en tentation.

Dame! la chaire est faible, le diable est fort, et, pour être évêque, — fût-ce de Cocottopolis — on n'en est pas moins homme.

— Monseigneur, dit madame d'A..., qui riait à s'étouffer, ne vous dérangez pas, je pars.

Le soir, elle donnait un thé, à l'occasion de la rentrée dans la grande Babylone de quelques intimes.

Elle n'eut rien de plus pressé que de raconter à ses bonnes amies l'aventure excentrique qui lui était arrivée.

— J'ai rendu visite à monseigneur.

— Et vous l'avez trouvé, ma toute belle?

— Oui, reprit-elle, je l'ai trouvé... *in partibus infidelium*...

Et de détailler et de peindre la situation avec la légèreté de touche que réclame un semblable récit.

La comtesse de C... osera-t-elle reparaître à l'hôtel d'A... et dans le monde?...

C'est ce que chacun se demande.

Quant à Monseigneur, nous craignons fort qu'il confesse plus que jamais.

LE PRINCE APHRODISIO

I

Pauvre prince Aphrodisio !...

Il n'était pas à Paris depuis une année seulement, et déjà Paris, ce minotaure insatiable et sans entrailles, que rien n'émeut, que rien n'attendrit, l'a dévoré comme il en a dévoré, comme il en dévorera tant d'autres.

La grande duchesse Amélie de Gérolstein, sa mère, dont il était l'unique enfant et le plus cher espoir, l'avait envoyé, en attendant sa majorité, dans la grande métropole, pour qu'il y complétât son éducation, pour qu'il y acquît la science et l'expérience des hommes et des choses qui lui manquaient et qui sont si nécessaires à un prince.

Et, tout joyeux, il avait quitté le vieux palais de Gérolstadt.

Il était parti, le sourire aux lèvres, les yeux étincelants de bonheur, sans craintes, sans regrets, insouciant et ivre d'allégresse, au contraire.

Comment en aurait il été autrement ?

N'allait-il pas voir Paris, cette cité féerique, cette ville des séductions enivrantes, des enchantements sans fin, ce Paris idéal qu'il avait tant de fois aperçu dans ses rêves, ce Paris qui est l'aimant universel et qui, des quatre coins du monde, attire tout à lui, gueux et héritiers présomptifs, ceux-ci pour y perdre, ceux-là pour y faire des fortunes fantastiques !

Le jour où il s'en était allé, avait été un jour de tristesse et de deuil pour le bon peuple du Gérolstein.

La grande duchesse Amélie, les hauts fonctionnaires de la cour et de la ville, les principaux bourgeois de Gérolstadt auxquels s'était jointe une députation de la campagne, l'avaient conduit jusqu'à la gare.

Tous pleuraient.

C'est qu'instinctivement tous avaient peur. C'est que tous se demandaient avec une appréhension égale s'ils reverraient jamais leur gentil petit prince Aphrodisio.

Ils redoutaient pour lui Paris et ses entrainements vertigieux, et l'existence fiévreuse qu'on y mène, et les plaisirs raffinés qu'on y trouve, et la corruption babylonienne dont elle s'enorgueillit.

Et puis, en supposant qu'il fût de force à résister à ces influences pernicieuses, plus physiques que morales, n'était-il pas à craindre que dans ce milieu sceptique et railleur, le jeune prince ne perdît bientôt l'amour du sol natal et n'en arrivât insensiblement à avoir honte de ses fidèles et naïfs Gérolsteinois ?

Aussi, quand le sifflet de la locomotive se fit entendre, quand le train qui emportait leurs espérances, commença à s'ébranler, paysans, bourgeois et grands dignitaires, tous éclatèrent en sanglots déchirants.

La grande duchesse, elle, n'avait plus de larmes.

Une dernière fois elle se précipita sur la main que lui tendait son fils et la pressa tendrement contre ses lèvres.

Une minute après, tout était fini... Le train avait disparu dans le lointain...

Alors la grande duchesse Amélie se tourna vers ceux qui l'entouraient et, d'une voix entrecoupée par l'émotion et la douleur, elle leur dit, en affectant une sécurité qui n'était pas dans son cœur.

— Courage et espoir, il nous reviendra !

Puis, à travers la foule recueillie qui se

pressait respectueusement sur son passage, le lamentable cortége reprit le chemin du palais, où tout était morne et désespéré.

Ce soir là, dans tout le Gérolstein, personne ne mangea de bon appétit, mais de bien ferventes prières furent adressées au ciel...

Pendant ce temps, radieux, ébloui, se possédant à peine, le prince Aphrodisio arrivait à Paris.

Grâce aux soins intelligents du vieux chevalier Karl von Bockmark, l'ambassadeur accrédité par la grande duchesse auprès du gouvernement français, tout avait été préparé pour le recevoir.

Et, à Gérolstadt, on n'était pas encore remis de la désolation et de la stupeur causées par son départ, qu'Aphrodisio se précipitait dans le tourbillon de la vie parisienne, à corps perdu, — c'est bien le cas de le dire, puisqu'il ne devait pas en réchapper.

II

C'était à l'heure où s'endorment les bourgeois dans la capitale haussmanisée.

Depuis longtemps ils reposaient et rêvaient vertueusement.

Les rues où ils habitent, vivent, commercent et meurent, apparaissaient silencieuses et désertes. On n'y apercevait plus que la silhouette noire tutélaire des sergents de ville ; ou bien, fuyant la lumière des reverbères et passant aussi rapides que des ombres, des hommes à mine sinistre, travailleurs de la nuit, ouvriers des ténèbres, qui se rendaient à des besognes inconnues.

A peine si, de loin en loin, un coup de sifflet aigu, strident, ou le sourd roulement d'une voiture attardée, venaient troubler ce calme.

Puis tout se taisait de nouveau.

Cependant la vie, qui semblait éteinte partout, n'avait fait que se déplacer.

Elle s'était concentrée là où l'on joue, où l'on soupe, ou l'on aime, dans les cercles, au Café Anglais, chez Bignon, à la Maison Dorée et dans tous les somptueux et discrets asiles d'oisiveté opulente et de vice élégant, chers aux cocodettes et aux petits crevés.

Et le boulevard que n'avait pas encore abandonné la foule brillante des pécheresses et des viveurs qui lui donne tant d'éclat, le boulevard resplendissait.

Le prince Aphrodisio venait de quitter le *Cercle des Bipèdes*, où sa naissance et son nom l'avaient fait admettre de suite avec toutes boules blanches.

En sa soirée, il y avait perdu environ un millier de louis au baccarat, mais il s'en moquait pas mal.

Autre chose l'occupait.

Il sentait en soi une exubérance de force, une surabondance de sève qui le gênaient presque... Il se trouvait dans un de ces moments bizarres ou le cœur le plus cuirassé et le plus insensible éprouve un tout puissant et très insurmontable besoin de s'épancher et d'aimer.

Sa voiture était arrêtée au coin de la rue Lepelletier. Il fit signe à ses gens d'approcher et leur ordonna de retourner sans lui à l'hôtel et de dire qu'on ne l'attendit pas, parce qu'il ne rentrerait probablement que le lendemain.

Ce point réglé, il se mit à se promener, fouettant l'air de son stick flexible et contemplant avec un intime ravissement le défilé des viveuses d'amour.

Elles passaient, les jolies petites femmes descendues des hauteurs de Bréda, dans l'espoir de *faire un homme*, elles passaient parées, maquillées, *poudrederizées*, sans prendre garde que leurs longues traînes de soie, de velours et de dentelles balayaient le trottoir, sans marchander non plus aux gentlemen qui les lorgnaient, leurs regards les plus tendres.

Toutes souriaient à Aphrodisio, car il avait grand air et était réellement beau.

Et le jeune prince, qui les trouvait toutes plus séduisantes et plus désirables les unes que les autres, était dans un embarras immense ; quoique toutes lui plussent également, il ne savait vraiment sur laquelle arrêter son choix.

Il avançait toujours, les yeux humides de passion, les joues légèrement colorées, les lèvres frémissantes, chantant à mi-voix ce refrain de la *Périchole*, qui, chaque soir, à l'époque, faisait pâmer d'aise les belles spectatrices qui s'exhibaient dans les baignoires et les avant-scènes des *Variétés* :

Les femmes il n'y a qu'ça !
Tant que le monde durera,
Tant que la terre tournera,
Il n'y aura que ça !

Arrivé à la rue Drouot, au moment où il allait franchir la chaussée, Aphrodisio sentit une main se glisser dans la sienne.

Il se retourna vivement, et grande fut sa surprise d'apercevoir une vieille femme d'une soixantaine d'années.

Elle empestait le musc, pire que tout un troupeau de brebis du Thibet; sa mise était d'une élégance extravagante.

— Eh bien, mon petit chat, dit-elle, est-ce que tu ne me connais pas ?...

Aphrodisio la regarda sans lui répondre; on ne l'avait jamais tutoyé !

Elle poursuivit avec volubilité :

— Ah ! elle est bien bonne ! Il ne me connaît pas. Il ne connaît pas Bibi, Bibi, la marchande à la toilette de la rue Labruyère, dans Cocott's square, brevetée de toutes les cours étrangères, fournisseur de la jeunesse dorée et de la vieillesse gâteuse !...

— Qu'avez-vous à me dire ? demanda le jeune prince.

— Marchons, fit la vieille, et tu vas le savoir.

Sans façon, elle prit le bras d'Aphrodisio et, lui faisant rebrousser chemin, elle l'entraîna dans la direction du passage de l'Opéra.

Aphrodisio n'avait pas tardé à comprendre à quelle espèce de femme il avait affaire ; désireux de voir où le conduirait cette aventure, il ne fit aucune difficulté pour suivre la vieille entremetteuse.

La mère Bibi reprit :

— Vois-tu, mon cher, tout ce qui compte dans notre monde fashionable m'a passé par les mains ; toute la gentry de Paris me connaît... Il n'y a que toi !... Il faut que tu sois nouvellement débarqué ici... Du reste, sois tranquille, nous ferons connaissance, et tu ne t'en repentiras pas ..

— Où allons-nous ? interrompit Aphrodisio.

— Viens, mon petit, et n'aie pas peur... Tu m'as l'air tout chose, ce soir... Mais j'ai ce qu'il te faut... Je te mène dans un endroit d'où tu ne voudras plus sortir une fois que tu y seras entré.

Aphrodisio ne put réprimer un sourire.

— Douterais-tu, par hasard ? poursuivit-elle. Tiens, regarde plutôt si je te trompe et si je mens ..

Elle prit dans sa poche un porte-carte en cuir de Russie, et, s'approchant de la devanture d'un magasin encore éclairé, elle l'entrouvrit et montra au jeune homme une photographie.

— Regarde, dit-elle, avec assurance

Aphrodisio regarda, et il frissonna de tout son être.

— Et l'original... cette femme... existe ? demanda-t-il, pendant que son regard s'illuminait de flammes ardentes.

— Ah ! ah ! ricana la vieille. Te voilà pris !... Avais-je raison, ou non?... Tu es comme ce prince des féeries qui s'amourache à la seule vue d'un portrait... Oui, l'original existe, mais il est cent mille fois plus beau que la photographie !... Cela te fais rêver, hein ?... Tu ne t'imaginais pas que l'océan parisien pût receler dans son sein une perle d'une aussi miraculeuse beauté... Elle n'a, cette perle rare, ni tache ni défaut; elle est d'une pureté sans égale... Jusqu'ici, je l'ai tenue à l'abri de toute souillure ; nul souffle ne l'a jamais ternie... Tu m'as l'air *d'avoir du linge* : si tu la veux, elle est à toi !...

— Pouvez-vous me demander cela ?

— C'est qu'il va falloir joliment *éclairer* !...

Aphrodisio connaissait assez bien l'argot parisien; il répliqua :

— Je serai généreux ; dépêchons-nous... De quel côté prenons-nous ?

— Suivons le passage ; au bout nous trouverons une voiture qui, en moins d'un quart d'heure, nous conduira où nous avons affaire. Viens...

Assurément, l'invitation était inutile. Le jeune prince n'éprouvait aucune crainte, il ne pensait qu'à la photographie un moment entrevue, et son imagination s'exaltait et s'enfiévrait.

Aphrodisio et la vieille entremetteuse avaient hâté le pas.

La distance fut vite franchie ; en quelques minutes ils eurent gagné la rue Drouot.

Ainsi que l'avait dit la mère Bibi, une voiture attendait, rangée le long du trottoir, en face de la mairie.

C'était un coupé de couleur sombre, sans lettres et sans rechampis.

Un laquais, grand garçon à la solide carrure, occupait le siége avec le cocher.

Aphrodisio ne se mêla pas d'être galant: il monta le premier.

La mère Bibi n'eut que le temps de prendre place à côté de lui, et le coupé partit comme un trait, au galop du robuste meklembourgeois qui en composait à lui seul tout l'attelage.

Aphrodisio ne parlait pas.

La vieille, elle, riait dans l'ombre, d'un rire silencieux et cupide.

— Qu'est que tu vas me donner? demanda-t-elle au bout d'un instant.

— Combien voulez-vous ?

— Oh, tu m'as dit que tu serais généreux ; je ne te fixe pas de chiffre...

Aphrodisio atteignit son portefeuille et en tira un billet de mille francs qu'il tendit à la mère Bibi.

— Est-ce que c'est tout ce que tu possèdes ? dit-elle quand elle eût glissé le billet dans sa poche. Tu es encore mineur, et ta signature ne vaut pas le diable... Je préférerais de l'argent .. Montre ton portefeuille. .

Elle prit des mains d'Aphrodisio le portefeuille et se mit à le visiter.

— Peste, dit-elle, il n'est pas mal garni! Un, deux, trois mille, et un mille que j'ai déjà, ça fait quatre mille francs... A elle seule, mon cher, elle est jolie comme plusieurs femmes ensemble ; tu ne peux pas te douter de cela... Une minute... Nous avons dit quatre mille, n'est-ce pas ? Quatre et trois sept, et un huit... huit, huit... Ah, neuf... neuf, un mauvais compte... Il n'est pas possible de s'arrêter à neuf... Ah, dix ! Dix mille francs... Elle n'a que quinze ans et tu seras le premier homme à la posséder... Je te le jure. tu seras content et tu en auras pour ton argent !...

Tout en causant, la vieille entremetteuse avait fait disparaître les banknotes.

— Si vous prenez tout, que me restera-t-il ? fit Aphrodisio. Et, elle, que lui donnerais-je ?

— Ecoute, mon petit, tu marchandes comme un bourgeois, tu liardes, tu discutes. Un chef de rayon des magasins du Louvre ne ferait pas autrement... D'ailleurs, il est encore temps, réfléchis... Pour ce qui est d'elle, je te défends de rien lui donner.

Il n'y avait pas de danger qu'Aphrodisio reculât.

III

La mère Bibi ne s'était pas trompée en affirmant que le trajet du passage de l'Opéra chez elle s'effectuerait en moins d'un quart d'heure.

La voiture ne roulait guère depuis plus de dix minutes, qu'elle s'arrêta.

— Sommes-nous arrivés ? demanda Aphrodisio.

— Oui.

— Et je vais la voir ?

— Tout de suite.

Ils mirent pied à terre, et, pendant que le coupé qu'ils abandonnaient, s'éloignait, la vieille alla heuter aux volets d'une boutique d'une assez mince apparence d'où s'échappait un filet de lumière.

On les attendait; la porte fut aussitôt entr'ouverte, et Aphrodisio entra, suivi de la mère Bibi.

— C'est ici chez moi, commença la vieille... Bibi marchande à la toilette, brevetée de tous les gouvernements.....

Aphrodisio ne l'écoutait pas; il examinait curieusement la boutique où il venait de pénétrer. De tous côtés, par terre, sur les chaises, pendus au mur, des vêtements de femmes, riches mais défraîchis et fanés; sur la table des bijoux épars. Partout un désordre inimaginable.

Une femme, toute jeune encore, pâle, amaigrie, celle qui leur avait ouvert, se tenait debout, attendant probablement les ordres de sa maîtresse.

— Et cette dentelle? dit la vieille. Comment, pas encore raccommodée?... Vous aurez dormi, j'en suis sûre.... Ni belle ni travailleuse, mais, alors, ma chère, à quoi êtes-vous donc bonne?

— Madame, balbutia la malheureuse...

— Taisez-vous! Où est Ida?...

— Elle vous attend.

— C'est bien, conduisez monsieur auprès d'elle.

La jeune femme alluma une bougie et passa devant Aphrodisio pour lui montrer le chemin.

Elle lui fit monter et descendre plusieurs escaliers, traverser une demi-douzaine de pièces et de corridors; puis, s'arrêtant:

— Maintenant, dit-elle, il n'y a plus de danger que monsieur s'égare, monsieur pourra aisément se passer de moi. Toujours tout droit jusqu'au bout...

Aphrodisio n'avait pas besoin d'autre renseignement, il poursuivit seul sa route.

Il fit encore quelques pas, souleva une portière, poussa une porte...

Et, ce qu'il vit alors, lui arracha un cri; il resta sur le seuil, immobile d'admiration, fasciné...

Il était à l'entrée d'une pièce éblouissante de lumière, garnie d'épais tapis aux vives couleurs, aux magnifiques dessins Dans les encoignures, des piles de coussins. Au fond, un large bassin de marbre rempli d'eau parfumée. Sur le dernier plan, une serre où s'épanouissaient des fleurs embaumées et rares, où voletaient et gazouillaient des oiseaux exotiques.

Aphrodisio se crut à l'entrée du paradis terrestre.

Par tous les pores il aspirait un air chargé de tièdes et énivrantes senteurs qui plongeaient à la fois son corps et son âme dans une molle, indéfinissable et voluptueuse langueur.

Et bientôt, devant lui, plus belle que tout ce que son esprit avait jamais rêvé, il distingua une jeune fille qui lui souriait de ce sourire divin qui rend fou.

Elle était vêtue d'un court gilet de satin bleu, largement échancré sur la poitrine et qui lui couvrait à peine les épaules. Une longue tunique, si transparente qu'on l'eût dit faite de ce fameux « air tissé » des anciens, l'enveloppait jusqu'aux pieds, ne dérobant pas, presque pas, les tons rosés de sa chair, le galbe de ses contours et l'élégance de ses formes.

Le peu de raison que conservait Aphrodisio l'abandonna.

Il ne se souvint plus ni de la mère Bibi ni de la façon triviale dont cette aventure avait commencé, ni de rien au monde.

Il songeait uniquement à cette enfant ravissante et idéalement belle qui le regardait avec ses caressants grands yeux noirs cerclés de bistre.

La jeune fille lui souriait toujours, et son sourire le transportait.

Elle s'approcha de lui, pas à pas, et, quand elle fut tout près, elle entoura le cou du jeune prince de son bras nu et reposa sa tête sur son épaule.

— Voyons franchement, dit-elle avec un gracieux abandon, me trouves-tu belle?... Te plais-je un peu?...

— Oh, tant, répondit Aphrodisio, que je ne trouve pas de mots pour l'exprimer.

— Moi, je t'adore, continua-t-elle. Vois-tu, je m'ennuyais à périr ici où je ne vois jamais personne que Bibi et les femmes qui prennent soin de moi; j'ai tant prié Bibi, qu'à la fin elle a eu pitié de moi : tantôt, en me quittant, elle me promit qu'elle m'amènerait un camarade... Elle est de parole, puisque te voilà. Que tu es gentil d'avoir bien voulu venir.

— Qu'est-ce que c'est donc que cette Bibi? demanda Aphrodisio.

— Je ne sais. Lorsque j'interroge mes femmes, elles ne me répondent pas. Elles ne le savent peut-être pas non plus. Peut-être est-ce ma mère... mais, bah, parlons d'autre chose... Alors, tu m'aimes... un peu?

— Passionnément !

— Vrai ?... Je me nomme Ida; Bibi me nomme quelque fois Ida Callipyge, parce que, dit-elle, je rappelle le genre de beauté d'une déesse de l'antiquité. Trouves-tu ? ..

Et la jeune fille fit coller contre ses reins cambrés sa tunique qui dessina hardiment les adorables performances de sa croupe puissante.

— Toi, reprit-elle, quel est ton nom? Tu as un bien beau nom, sans doute ; dis-le moi, je t'en prie, que je ne l'oublie jamais.

— Aphrodisio ...

— Eh bien, mon cher Aphrodisio, vous ne m'avez pas encore embrassée, et j'en meurs d'envie. Bibi m'embrasse bien quelque fois; mais Bibi, c'est Bibi, tandis que toi tu es homme... Est-ce que tous les hommes sont la même chose?

— A peu près.

— Ils ne sont pas vilains du tout! Et cette affreuse Bibi qui ne m'en avait jamais montré !

Aphrodisio était confondu.

Ce qu'il voyait, ce qu'il entendait, le stupéfiait. Il se demandait quelle étrange éducation avait dû recevoir cette enfant de quinze ans pour qu'un tel mélange de candeur innocente et de perversité inconsciente se recontrât en elle.

Du reste, il trouvait à ces amours capiteuses une saveur, un montant, un charme auxquels, l'eût-il voulu, il eût été au-dessus de ses forces de s'arracher.

Ida reprit :

— Mon bien-aimé, je voudrais que tu ne me quittasses jamais.

— Oh, non, soupira Aphrodisio, non, je ne te quitterai jamais. Tu es belle, Ida ! Je veux vivre toujours auprès de toi et ne quitter tes bras que pour passer dans ceux de la mort...

Ils babillaient ainsi, sans se lasser, disant, faisant toutes les folies que la passion inspire, s'abreuvant de jouissances jusqu'à l'énervement et ne trouvant jamais que ce fût assez.

Le temps, les heures se passaient.

Ida et Aphrodisio avaient au cœur la même inextinguible soif d'amour.

. . . .

. . . .

. . . .

Il faisait grand jour, la mère Bibi entra dans la chambre d'Ida.

Ida était en larmes et sanglotait.

Dans ses bras elle tenait le corps inanimé d'Aphrodisio.

Le jeune prince ne vivait plus.

Selon son vœu, il était passé des bras d'Ida dans ceux de la mort; sa dernière parole avait été une parole d'amour pour la jeune fille.

Et Ida se lamentait; elle le pressait contre son sein, elle le couvrait de baisers brûlants, croyant ranimer la chaleur vitale qui diminuait graduellement.

— Bibi, dit-elle, je crains qu'il ne soit mort.

La vieille entremetteuse secoua la tête.

— Mauvaise affaire ! fit-elle.

Ida reprit :

— Maintenant, que vais-je devenir sans lui ?

— Tu l'aimes donc ?

— Oh!

— Ecoute... Tu seras bien gentille ?

— Je te le promets, Bibi.

— Eh bien, puisque celui-là est mort, je te chercherai un autre camarade.

— Tu feras cela, Bibi ?

— Et, ce soir, je te l'amènerai.

— Bonne Bibi ! s'écria Ida.

Et elle sauta au cou de la vieille.

Puis, son regard tombant sur Aphrodisio, elle ajouta :

— C'est égal, il était bien joli... Tâche, Bibi, que l'autre lui ressemble.

Pauvre prince Aphrodisio !

Ce fut là son oraison funèbre.

ANNA-PHILIPPA

I

... Nous campions alors dans le gouvernement de Plock.

Etablis en pleine forêt, à un mille ou deux de la frontière prussienne, nous guettions le passage en pays russe d'une bande des nôtres qui s'étaient organisés, équipés, armés sur les terres de Sa Majesté Guillaume, au nez et à la barbe de ses gendarmes qui n'y avaient vu que du feu.

La nuit était profonde et le froid terrible.

Roulés dans leurs blanches peaux de mouton, le chapzka enfoncé jusqu'aux oreilles, les kossinyers dormaient.

Nous autres, les volontaires français et italiens, peu faits encore aux rigueurs exceptionnelles des hivers polonais, nous nous chauffions à un grand feu de sapin et nous causions, afin de tuer le temps, en attendant de tuer les Moscovites.

Bientôt il allait y avoir une année que l'insurrection avait commencé.

Varsovie avait donné le signal.

Et de Varsovie, le mouvement s'était étendu, sans que rien put l'arrêter ou le restreindre, jusque dans les palatinats les plus reculés de l'ancien royaume de Pologne.

La Pologne proprement dite ou Kongresowka, la Lithuanie, la Samogitie, la Podolie, le Wolhynie et l'Ukraine servaient de champ de bataille aux troupes nationales; la Posnanie, la Gallicie, la Buckovine étaient les arsenaux où elles s'alimentaient et s'approvisionnaient chaque jour; et Paris, Paris la grande ville, Paris où les causes généreuses trouvent toujours d'ardentes sympathies, Paris, à tort ou à raison, passait aux yeux de bien des gens pour le foyer de ce vaste embrasement qui fit un moment trembler l'autocrate dans ses palais impériaux de Saint-Pétersbourg, de Peterhof, de Tzarskoe-Selo, d'Oranienbaum et de Gotchina.

D'abord Miéroslawski avait reçu la dictature et le pouvoir suprême.

Hélas ! pourquoi faut-il qu'il s'en soit laissé dépouiller. Il était le seul homme capable de sauver la Pologne.

II

Lorsque tous les sujets sont épuisés, la conversation ne peut que tomber.

Mais parfois aussi il suffit d'un mot pour ranimer l'entretien le plus languissant.

Nous en étions là.

Après avoir parlé du passé, du présent, de nos craintes, de nos espérances, après avoir essayé de pénétrer l'avenir dont la science n'appartient qu'à Dieu, nous avions fini par nous taire, absorbés peu à peu dans la contemplation des flammes qui se dégageaient, claires et pétillantes, du foyer autour duquel nous étions groupés.

— Chers, fit tout-à-coup un grand garçon à la physionomie pensive, en est-il encore parmi vous qui se souviennent de la belle Anna-Philippa, la noble fille du comte Orlandowski ?

A ces mots toutes les têtes se redressèrent et trente voix répondirent en même temps :

— Moi, parbleu !

Un autre dit :

—Je trouve étrange que tu nous adresses une pareille question. Supposerais-tu, par hasard, que notre cœur a moins de mémoire que le tien ?

— Mes amis, Dieu me garde de douter

de votre cœur ! Si je vous fais cette demande, c'est que voilà six mois que n'est plus cette enfant à la beauté si merveilleuse, que nous considérions tous comme notre ange tutélaire !

— Six mois déjà !

— Ni plus, ni moins.

— Dans l'existence des hommes, il y a, sur ma foi, des époques où le temps passe singulièrement vite.

— Compte... Le terrible malheur qui nous enleva Anna-Philippa est arrivé le 13 juillet dernier... Je ne suis pas superstitieux, mais la coïncidence de cette date funeste et de cet événement affreux me frappa involontairement et je ne l'oublirai plus. Or, nous sommes le 13 janvier 1864

— Tu as raison. Les six mois y sont bien. Dans ce temps-là, par exemple, il faisait plus chaud qu'aujourd'hui.

— Oh ! beaucoup plus chaud sous tous les rapports. On traversait les rivières sans se mouiller ; seulement, loin d'être gelées, comme elles le sont à présent, elles étaient desséchées par un soleil incandescent. Cela prouve une fois de plus que les extrêmes se touchent et que deux causes diamétralement opposées peuvent quelquefois produire un même effet, donner un semblable résultat.

— Et puis nous eûmes affaire aux six mille Moscovites du prince Boriduskoj. Nous n'étions en tout que quinze cents hommes. Chacun de nous en fut quitte pour se battre comme quatre, et, malgré une disproportion de forces aussi considérable, la victoire nous resta.

— Triomphe bien beau, mais bien inutile, puisqu'il arriva trop tard pour sauver Anna-Philippa !

— Du moins, nous eûmes la consolation de la venger. Pauvre Anna-Philippa ! Si jeune, si belle, si aimée, si heureuse, et mourir !... C'est navrant.

— Ce qui est bien plus navrant, c'est l'horrible mort qu'elle endura.

Un jeune homme, récemment arrivé au camp, interrompit les causeurs.

— Pardon, camarades, dit-il, je suis nouveau parmi vous et pas du tout au fait de votre conversation. Vous plairait-il de m'y mettre ?

— Volontiers.

— Je désirerais savoir qui était cette Anna-Philippa à qui vous accordez tant de regrets, dont le sort s'annonçait si prospère et dont la fin fut si lamentable.

— Rien de plus facile que de te satisfaire, si tu veux me prêter quelques minutes d'attention.

— Je suis tout oreilles. Parle.

— Je commence.

III

Pour le vulgaire, qui voit rarement le fond des choses, le comte Witold Orlandowski jouissait de tous les bonheurs imaginables.

Il semblait que la Providence se fût plu à le combler.

Son château d'Orlandow passait pour un des plus beaux, ses terres pour les plus fertiles et les plus productives, ses paysans pour les plus fidèles et les plus dévoués, sa fortune pour la mieux assise de la Pologne.

Cependant deux points noirs troublaient la sérénité de son ciel.

Au bout d'une année à peine de mariage, il avait perdu sa femme qu'il adorait.

Puis sa patrie était asservie.

En quittant ce monde, la comtesse Orlandowska avait, suprême consolation pour son mari, donné le jour à un enfant, à une fille sur qui s'étaient reportés toute l'affection et tout l'amour dont le comte avait environné la mère durant son existence.

Cette enfant, cette fille, c'était Anna-Philippa.

Anna-Philippa avait grandi ; ses quinze ans venaient de sonner.

Elle était devenue si idéalement belle que les gens du pays, dans leur admiration naïve, dans leur enthousiasme irréfléchi, disaient que Dieu, jusqu'à ce jour, n'avait encore permis qu'aux reines de l'être autant.

Aussi le comte Orlandowski était-il fier!

Sa fierté pourtant n'était pas exempte de tout mélange.

Par moments, un nuage envahissait son front et il se prenait à rêver longuement.

Son regard s'arrêtait alors, plein de sollicitude et d'émotion, sur sa fille bien-aimée et, tout bas, il se demandait ce que se demandent les pères, si le destin aveugle réservait pour mari à cette ange immaculée et pure un homme entièrement digne d'elle.

Vers cette époque vint s'établir aux environs d'Orlandow un certain prince Boris Boriduskoj qui possédait dans l'Oural des mines où l'or était, assurait-on, plus commun que les pierres ailleurs.

Le hasard ne guidait pas Boriduskoj.

Il avait entendu parler d'Anna-Philippa, de sa beauté miraculeuse, de sa grâce incomparable et, subitement, il en était tombé amoureux, amoureux fou, amoureux à lier, et il accourait du fond de ses steppes, bien persuadé qu'il lui suffirait d'exhiber sa personne et ses roubles pour conquérir le cœur de la jolie polonaise.

Il ne connaissait pas Anna-Philippa.

Auprès des femmes de son pays il se peut que ces façons-là réussissent, mais en Pologne, dans cette France du Nord, elles n'ont aucun succès.

Il en fit l'expérience.

Peu de temps après son installation, il se présenta à Orlandow, ayant soigneusement choisi un instant où le comte ne s'y trouvait pas.

En l'absence de son père, par politesse et par politique, Anna-Philippa crut bien faire de recevoir Boriduskoj, des intentions duquel elle ne soupçonnait pas un traître mot.

Dès cette première entrevue le prince Boris osa parler de ses richesses et de sa passion.

En l'entendant, la jeune fille tomba des nues.

Toutefois, dissimulant de son mieux la surprise que lui causait une semblable déclaration et la répugnance qu'elle éprouvait pour celui qui la lui adressait, elle répondit simplement :

— Je n'épouserai jamais qu'un homme que j'aimerai.

Boriduskoj ne comprit pas.

Est-ce qu'un millionnaire comprendra jamais qu'il existe quelque chose au-dessus de ses millions !...

Se rebuter n'était pas dans la nature du prince Boris ; il le prouva.

On ne vit plus que lui rôdant autour d'Orlandow.

Anna-Philippa ne put plus sortir sans le rencontrer sous ses pas ; mais, comme elle ne sortait jamais seule, c'était son moindre souci.

Loin de l'effrayer, d'ailleurs, Boriduskoj l'amusait énormément.

En son innocence, elle ne concevait pas l'ombre d'une crainte.

De quoi aurait-elle eu peur ?

Ne savait-elle pas qu'à la moindre apparence de danger, qu'à son premier appel, vingt paysans seraient accourus et, sur un signe d'elle, auraient mis en pièces l'amoureux prince Boris!

D'instinct, Boriduskoj sentait cela et, d'abord, il garda une certaine réserve.

Oh ! s'il eût été au fond de sa sainte Russie, loin des populations hostiles et frémissantes dont il était environné en Pologne, qu'il se serait vite affranchi de l'ennuyeuse contrainte qu'il s'imposait!

Néanmoins, sa nature sauvage ne devait pas tarder à prendre le dessus, et le jour approchait où sa passion, l'emportant sur sa peur, lui ferait oublier toute prudence.

A cet endroit, le cri : « aux armes ! », qui retentit brusquement dans la nuit, vint couper la parole au conteur.

La bande que nous attendions approchait.

Les kossinyers, réveillés en sursaut, sautèrent sur leurs faulx, tandis que nous saisissions nos carabines.

— Et la fin de l'histoire d'Anna-Philippa ?

— En deux mots je vous la dirai...

— Dis, car nous sommes trop peu sûrs du lendemain pour rien remettre.

IV

Les persécutions de Boriduskoj devinrent intolérables.

A la veille d'une insurrection, dans l'état d'agitation où se trouvait la Pologne, le comte Orlandowski, certain de n'obtenir aucune protection des autorités russes, prit le parti d'envoyer Anna-Philippa en France, pensant la soustraire par l'éloignement aux obsessions du prince Boris.

Ce départ ne découragea pas Boriduskoj ; il se mit en route, lui aussi...

Deux fois, à Inowroclaw, en Posnanie et à Paris dans son hôtel de l'avenue Gabriel, Anna-Philippa faillit être enlevée par le prince Boris : Deux fois elle fut sauvée par l'intervention providentielle d'un jeune français, le marquis A. de Champsecret qui réussit à l'arracher intacte des griffes du Moscovite.

Qu'ajouter ?

Cette histoire prend les proportions et les allures d'un roman ; il me faudrait pour vous la détailler, non les courtes minutes dont nous disposons, mais tout un volume.

Anna-Philippa et Champsecret s'aimèrent...

Sur ces entrefaites, l'insurrection s'était déclarée ; l'une des premières et des principales bandes était sous les ordres du comte Orlandowski auquel, dès le mois de janvier 1863, le dictateur Miéroslawski avait adressé un brevet de colonel.

Un même désir animait Anna-Philippa et Champsecret, le désir d'être l'un à l'autre le plus tôt possible.

Afin de hâter autant qu'il était en eux le moment tant souhaité de leur union, ils résolurent de reprendre la route de Pologne et d'aller chercher jusqu'au milieu de l'armée nationale polonaise la bénédiction du comte Orlandowski.

Par une belle matinée de juillet, au milieu des insurgés en armes, l'aumônier du détachement les maria...

— Et puis ?

— Et puis, le soir, quand la nuit fut tombée, quand Anna-Philippa et Champsecret, émus, rayonnants, se furent retirés dans leur appartement, six mille Russes, sous les ordres du prince Boriduskoj qui ne voulait pas laisser échapper sa proie, nous attaquèrent tout à coup, en même temps que le feu éclatait à l'improviste au château en quatre endroits différents.

Il fallut d'abord se défendre.

Nous fumes victorieux, je l'ai déjà dit...

Mais après huit heures d'une lutte acharnée, gigantesque, lorsque nous, la poignée d'hommes, ayant fait fuir nos ennemis, nous reprîmes possession d'Orlandow dont nous avions été délogés au commencement de la lutte, le château n'était plus qu'un monceau de ruines fumantes.

Tout ce qu'il renfermait, choses et gens, avait été anéanti.

La nuit de noces était devenue une nuit d'agonie et de mort...

Voyant l'étendue et l'horreur de son infortune, le comte Orlandowski, qui avait jusqu'à la dernière minute espéré sauver ses enfants, essuya une grosse larme.

— Le prince Boriduskoj est prisonnier, lui dit-on.

Son regard étincela.

— Ah ! fit-il. Amenez-le.

Boriduskoj fut amené par deux faucheurs.

— Prince Boris, dit le comte Orlandowski, nulle loi de guerre ne peut te sauver ; tu t'es mis toi-même hors de toute loi. Prince Boris, tu m'as pris la vie de mes deux enfants, j'aurai la tienne... Meurs comme un chien !

Alors, tirant un revolver de sa ceinture, il le déchargea à bout portant sur le Russe.

Boriduskoj tomba.

— Maintenant reprit le comte Orlandowski, à mon tour!... L'existence me pèserait trop lourdement désormais.

Et, avant qu'aucun de ses hommes pût l'arrêter et s'opposer à son projet, il appuya sur son front le canon de son arme, pressa la détente...

Une détonation retentit.

Nous nous élançâmes...

Du colonel comte Orlandowski il ne restait plus qu'un cadavre, chaud encore, mais sans vie.

EN TRAIN EXPRESS

I

Il faisait nuit.

Le train express, n° 25, parti de Paris à cinq heures du soir, venait de dépasser l'embranchement de Busigny et filait à toute vapeur sur le rail poli.

Dans un compartiment de première classe se trouvaient deux personnes, un homme et une femme.

La femme était jeune et belle.

Elle se nommait Mme Anna Meyer, et elle avait pour mari un vieux et richissime banquier, juif et polonais, qui l'idolâtrait et dont l'amour lui avait suffi jusque-là.

L'homme paraissait distingué.

Tout Paris, le tout Paris qu'on nomme, le connaissait. Il s'appelait Melchior de P..., et il avait le droit de faire précéder son nom d'un titre incontestable de vicomte. Le chiffre de ses rentes égalait, assure-t-on, l'antiquité de son origine et l'illustration de sa race. Un ruban vert, insigne de quelque ordre étranger, ornait sa boutonnière, preuve qu'aux avantages dont il était redevable à la naissance, se joignait un certain mérite personnel.

Mais, à défaut de leur nom et de leur position, la tenue des deux compagnons de voyage, leur mise simple et de bon goût, et, par dessus tout, ce je ne sais quoi caractéristique qui perce sans cesse, indiquaient qu'ils appartenaient à la meilleure société.

Avant ce jour, ils ne s'étaient jamais rencontrés dans aucun des salons qu'ils fréquentaient l'un et l'autre.

Cependant, il ne leur avait fallu qu'un coup d'œil pour se juger.

Lorsque madame Anna Meyer avait pris place dans le wagon, Melchior de P... lui avait adressé un salut presque imperceptible.

Ç'avait été tout.

Un courant sympathique s'était de suite établi entre eux, ils se sentaient irrésistiblement attirés l'un vers l'autre par un pouvoir supérieur.

Depuis Paris, ils voyageaient ensemble et ils n'avaient pas encore échangé une parole. C'est qu'ils éprouvaient tous deux une égale répugnance à engager la conversation par ces lieux communs et ces banalités qui sont dans tous les bouches. Ils préféraient attendre.

Gracieusement pelotonnée dans son coin, les pieds perdus dans l'épaisseur, de la peau de mouton tapissant le wagon, la jeune femme, par le carreau ouvert, essayait de percer les ténèbres au milieu desquelles apparaissaient un instant et disparaissaient aussitôt, rapides et fantastiques comme des visions, les villes populeuses, les plaines fertiles, les rivières et les canaux du la vieille Flandre.

Melchior de P..., lui, n'avait d'yeux que pour sa compagne.

Et, de fait, celle-ci valait bien qu'on la regardât.

C'était une gentille et mignonne petite femme, aux traits fins et délicats, à la beauté chaste et honnête.

Au moment du départ, elle avait eu un peu peur d'abord, en se voyant avec un homme qu'elle ne connaissait pas ; mais ce sentiment n'avait pas tardé à s'évanouir en présence de la réserve parfaite et pleine de convenance de cet homme, en qui elle n'avait pas tardé à reconnaître l'air et les manières d'un vrai gentleman.

D'ailleurs, l'admiration dont l'enveloppait Melchior de P... était empreinte d'un si profond respect, qu'avec la plus mauvaise volonté du monde, la jeune femme ne pouvait raisonnablement pas s'en offenser.

Et même, — à dire vrai, — sa frayeur dissipée, elle ne laissa pas que d'être intérieurement très-flattée des hommages si discrets qui s'adressaient à elle.

Complètement rassurée, elle jouissait avec un calme superbe de l'effet qu'elle produisait, pensant en elle-même :

— Si ce monsieur a du plaisir à me regarder, je ne puis l'en empêcher, il est bien libre; et, tant qu'il s'en tiendra là..., je crois que je serais ridicule d'y trouver à dire quelque chose.

Melchior de P... profitait largement de la permission tacite qu'on lui octroyait.

Mme Anna Meyer lui apparaissait dans une pénombre avantageuse qui faisait admirablement valoir ses qualités physiques.

Il y avait en elle de la sainte et de la pécheresse. Adorable de grâce mutine et coquette, sa tête, sur laquelle se tordaient des masses de cheveux blonds, rayonnait comme une tête de madone. Son visage possédait ce charme angélique et mondain tout-puissant, sa personne, ces séductions irrésistibles et inconscientes qui troublent et subjuguent le cœur des hommes.

Melchior de P... subissait l'influence.

Cependant, emporté vers l'Allemagne avec une vitesse vertigineuse, le train roulait toujours, brûlant toutes les stations sans importance.

La lourde locomotive embrasée lançait dans l'air, avec des sifflements aigus, de rouges panaches de fumée et semait sur son passage des milliers d'étincelles.

Madame Anna Meyer ne semblait plus aussi tranquille.

A mesure que grandissait la distance parcourue, sa physionomie s'altérait sensiblement. Elle était devenue fort pâle et, sous l'influence de causes mystérieuses, ses traits s'imprégnaient d'une inquiétude profonde.

De temps en temps, elle jetait sur la voie un long regard anxieux, mais le vent l'aveuglait et l'empêchait de rien distinguer.

Elle était en proie à un si grand et si pénible embarras, que Melchior de P..., perdant toute crainte d'être indiscret, n'hésita plus.

— Madame, dit-il en se rapprochant de sa compagne de voyage, si je puis vous être bon à quelque chose, disposez de moi.

Madame Anna Meyer essaya de sourire pour le remercier de son offre obligeante.

— J'accepte votre proposition, répondit-elle avec une légère hésitation. Savez-vous, monsieur, si nous arriverons bientôt à une station ?

Melchior de P... fut désappointé. Il croyait que la jeune femme allait mettre à quelque grande épreuve le dévouement qu'il éprouvait pour elle, et elle lui demandait prosaïquement le plus vulgaire des renseignements

— Il est huit heures vingt minutes, dit-il après avoir consulté sa montre ; à neuf heures cinq nous nous arrêterons à Maubeuge avant de franchir la frontière.

Madame Anna Meyer soupira.

— Mon Dieu, fit-elle, encore trois quarts d'heure !

Un silence suivit ces mots.

Melchior de P... se taisait, attendant qu'on l'interrogeât de nouveau.

Au bout de quelques minutes, la jeune femme reprit :

— Est-ce qu'il ne serait pas possible de faire arrêter le train.

Melchior la regarda, effaré.

— J'en doute, dit-il. Il faudrait pour cela appeler, crier, et probablement que ni cris, ni appels ne seraient entendus... Désirez-vous que j'essaye ?

— Je le veux bien.

Melchior de P... se leva et, passant la moitié du corps par la portière, au risque de se faire tuer, il se mit à appeler de toutes ses forces.

— Au secours! criait-il! Au voleur! A l'assassin!

Le bruit assourdissant des roues sur le rail couvrit sa voix.

Après plusieurs tentatives, il se rassit, convaincu de l'inutilité de ses efforts.

Il avait été franchement ridicule, et madame Anna Meyer n'avait pu s'empêcher de rire en l'entendant, mais elle ne lui en savait pas moins un gré infini.

— Il faut patienter jusqu'à Maubeuge, dit Melchior.

— Je ne pourrai jamais.

De grosses larmes perlaient autour des paupières de la jeune femme; elle tordait avec désespoir ses mains blanches, balbutiant:

— Comment faire?

Melchior de P... était légèrement ému.

— Madame, écoutez-moi, dit-il. Je me nomme Melchior de P... et j'ai une sœur qui a votre âge et qui est belle aussi... Il ne faut jurer de rien : ce qui vous arrive aujourd'hui, quoi que ce soit, pourrait lui arriver un autre jour. Dans une position semblable je serais heureux qu'elle rencontrât un homme d'honneur qui lui offrît ses services comme je vous offre les miens...

La jeune femme baissa la tête.

Melchior de P... continua :

— Ayez confiance en moi, madame, tâchez de vous figurer, si cela peut nous aider, que je suis votre confesseur.

— Je suis israélite, et dans notre religion on ne se confesse pas.

— Ou votre frère.

— Avec mon frère aussi, je serais gênée!

— Qu'avez-vous donc?

— Je n'oserais qu'à peine le dire à mon mari, ma sœur ou ma mère.

— Eh bien! madame, imaginez-vous que je suis votre mari.

— C'est facile à dire... Vous autres, hommes, vous ne comprenez rien aux délicatesses quintessencées de notre sexe. Ainsi, par exemple, vous aimez une femme et vous voulez que tout de suite elle fasse preuve à votre égard d'un abandon égal à votre dévouement quand, au contraire, plus elle partagera votre amour, plus elle sera gênée avec vous.

— En principe, madame, je partage vos idées et votre manière de voir. Cependant, il y a des cas dans la vie où une femme est absolument contrainte, qu'elle le veuille ou non, à mettre de côté ces admirables susceptibilités dont vous parlez... Si vous êtes dans un de ces cas, madame, n'hésitez pas.

Madame Anna Meyer fixa sur Melchior de P... un regard humide.

— Vous m'aimez donc bien? dit-elle en devenant pourpre.

Melchior tressaillit.

— Comme un fou, s'écria-t-il.

— Ah, si je vous écoutais, vous n'auriez plus, tout à l'heure, que répugnance pour moi.

— Vous vous trompez et vous me jugez mal.

La jeune femme ne répondit pas, elle cacha son visage dans ses mains.

Melchior de P... la considérait sans mot dire, plein d'amour et de compassion en même temps.

Elle sanglotait.

—Madame, fit Melchior, vous souffrez; je veux que vous me disiez ce que vous avez!

— Non, jamais!

— Pourquoi?

— Vous le savez.

— Un peu de courage.

— Je serais trop honteuse.

— Soyez donc brave. Je vous jure de tout oublier, je vous jure de ne jamais faire aucune allusion à l'aveu que je vous demande.

— Quelle heure avez-vous?

— Neuf heures moins un quart. Nous arriverons à Maubeuge dans vingt minutes.

— Et pas moyen d'attendre jusque-là!

— Parlez.

Madame Anna Meyer fit un violent effort

sur elle-même. D'une voix presque aussi faible qu'un souffle, elle commença :

— Ce soir, avant de partir, j'ai bien dîné.

— Vous êtes plus heureuse que moi qui n'en ai pas eu le temps.

— Non, et c'est là justement que gît mon malheur.

— Comment cela ?

— Je suis punie par où j'ai péché.

— Ah !

La jeune femme s'arrêta, hésitant à continuer.

— Et qu'avez-vous mangé ? demanda Melchior.

— Toutes sortes de choses plus succulentes les unes que les autres... Il y avait surtout un melon superbe, parfumé, jaune et mûr à point... Il était délicieux, j'en ai pris deux tranches... C'est ce qui m'a perdue...

— Je comprends. Votre petit estomac délicat n'a pas mieux digéré cet affreux melon que jadis messieurs de la censure *celui de Gill*...

— Ce n'est pas cela.

— Quoi donc alors ?

— Tout le contraire.

— En ce cas il n'y a que demi-mal.

— Vous trouvez ?

— Sans doute.

— On voit bien que vous n'êtes pas à ma place...

Melchior reprit :

— La situation se simplifie : ce n'est plus entre vous et cet affreux melon qu'une question — je ne dirai pas de divorce, le divorce étant aboli en France, — mais de séparation de corps...

— Et vous trouvez cela simple ?

— Madame, vous êtes très ridicule.

— Ah !

— Vous êtes dans une position aussi fâcheuse que naturelle, et, au lieu de tâcher d'en sortir vite, vous faites tout ce que vous pouvez pour la prolonger et l'aggraver.

— Je suis de votre avis, monsieur.

— Mais ma personne vous gêne... Je vais sauter en bas du wagon...

— Arrêtez !... Pourtant je voudrais bien que vous fussiez ailleurs qu'ici.

— Merci bien. En échange de ce bon souhait, acceptez un expédient qui n'est pas mauvais : voilà mon mouchoir, bandez-moi les yeux et ne vous occupez plus de moi. Seulement ne perdez pas de temps, un malheur est si vite arrivé !... Vous savez, si vous voulez, je vous prêterai mon bonnet de voyage, il est ouaté à l'intérieur, garni d'Astrakan à l'extérieur, je vous garantis que vous trouverez difficilement son pareil.

Ce diable de melon était d'une impatience rare.

Madame Anna Meyer prit le mouchoir que lui tendait Melchior de P... et le lui noua sur les yeux.

— Vous me promettez de ne pas essayer de regarder, dit-elle.

— Je vous le jure — Soyez tranquille et ne vous inquiétez pas plus de moi que si je n'existais pas.

La jeune femme glissa encore son flacon d'odeur dans la main de Melchior.

— C'est du Jockey-Club, dit-elle. Aimez-vous ce parfum ?

— Autant qu'un autre.

Madame Anna Meyer se tut.

Le train dévorait l'espace, franchissant ponts, tunnels, remblais.

Le bruit strident des wagons roulant sur les rails couvrait tout autre bruit.

A neuf heures cinq minutes la locomotive s'arrêta.

Et les employés du chemin de fer, sautant sur le quai qui borde la voie, se mirent à crier :

— Maubeuge ! Maubeuge ! Quinze minutes d'arrêt.

Aussitôt les voyageurs, quittant leurs compartiments, s'élancèrent à l'assaut du buffet.

Madame Anna Meyer donnait le bras à Melchior de P...

Ce dernier n'avait pas de coiffure. A part ce détail insignifiant, rien ne pouvait laisser soupçonner qu'il se fût passé quelque chose d'extraordinaire entre eux.

— Si nous retournions à Paris, dit tout à coup Melchior à l'oreille de sa compagne; j'ai besoin de remplacer mon bonnet de voyage.

-- Et mon mari qui m'attend à Varsovie? dit la jeune femme.

— Vous lui écrirez que vous avez été indisposée et que vous suivez un traitement...

II

L'autre soir, un des amis du vicomte Melchior de P..., a cru l'apercevoir dans une des allées les plus sombres du bois de Boulogne.

Melchior de P... n'était pas seul.

Avec lui était une femme dont un épais voile dérobait le visage. Ils causaient bas, si bas que souvent leurs lèvres se rencontraient dans un éloquent baiser.

Un coupé discret, attelé d'un rapide trotteur, suivait les deux amoureux, — à toute éventualité.

LA BELLE DU SUD

I

En 1865, à la fin d'avril, une troupe de soldats campait au milieu d'une forêt, à quelques milles à peine du Rio-Grande-del-Norte qui sépare les Etats-Unis du Mexique et le Texas du Tamaulipas.

Il faisait nuit noire.

Néanmoins, hommes et chevaux dormaient pêle-mêle à la belle étoile, auprès de vastes feux de bivouac, sous la garde des sentinelles avancées.

Deux hommes venaient de s'approcher d'un immense brasier qui brûlait au centre du campement.

Ils portaient l'uniforme des officiers de l'armée fédérale.

Ces deux hommes, le capitaine Nicoll et le major Craig, commissionnés tous deux par le gouvernement de Washington, étaient chacun à la tête d'un détachement de troupes irrégulières au service du Nord et d'Abraham Lincoln.

Peut-être était-ce de vieilles connaissances, mais jusque-là ils avaient opéré séparément et c'était tout récemment que les hasards de la guerre et des aventures les avaient réunis.

Nicoll et Craig rentraient de faire une ronde.

Ils s'assirent devant le feu sur un tronc d'arbre, et Craig, poursuivant une conversation entamée depuis un bout de temps déjà, reprit :

— Vous disiez, excellent Nicoll ? ..

— Je disais, bon Craig, qu'il faut avoir l'œil ouvert et l'oreille tendue... Car je la tiens enfin cette damnée femme qui, depuis tantôt cinq années que dure la guerre de la Sécession, m'a traîné à sa piste, sans que j'aie jamais eu la chance d'entrevoir seulement ses traits tant vantés... Vienne le jour, elle sera en mon pouvoir !...

Et, rien qu'à cette pensée, un sourire de béatitude infinie illumina la large face du capitaine Nicoll.

Craig répliqua.

— On ne prend pas ainsi la *Belle du Sud*... Moi qui vous parle, Nicoll, j'ai vingt fois été sur le point de voir la jolie Sudiste tomber entre mes mains, et vingt fois, alors que je croyais mes dispositions bien prises et sa fuite impossible, vingt fois elle m'a échappé avec la facilité d'une anguille qui glisse entre les doigts d'un enfant.

— Pauvre Craig !

— Pas plus que vous, du reste, je n'ai eu, Nicoll, le bonheur de la voir, mais ce que je sais pour l'avoir toujours entendu dire, c'est qu'il n'existe pas de visage de femme capable comme le sien de troubler la tête et le cœur d'un homme...

— Oh ! elle ne m'échappera pas, à moi, fit Nicoll... Je la tiens comme vous ne l'avez jamais tenue...

— Vous la tenez ?

— Quel air singulier vous prenez pour dire cela, Craig ? On jurerait presque que vous êtes fâché.

— Pas le moins du monde.

— Alors que trouvez-vous à reprendre à mes paroles ?

— Heu ! presque rien.

— Et ce rien ?

— Une simple nuance que vous négligez.

— Laquelle, s'il vous plaît ?

— Celle-ci... Vous auriez aussi bien pu dire tout à l'heure : « Nous la tenons enfin, cette damnée femme qui... etc. »

— J'ai employé la première personne

du singulier, je maintiens et cette première personne et ce singulier, — ne vous en déplaise, major Craig !

— Il me déplaît beaucoup, en effet, capitaine Nicoll.

— Tant pis.

— Tant pis pour vous, en ce cas.

— Craig !...

— Nicoll !...

Et Craig et Nicoll se toisèrent avec défi.

Nicoll, replet, court, pansu, avait pris à pleines mains et tordait rageusement ses longs favoris jaunes. Craig, mince, efflanqué et maigre, fourrageait son épais collier de barbe noire.

— Voyons, Craig, fit Nicoll, au bout d'un instant, vous n'êtes pas raisonnable.

— Et vous, Nicoll, vous me paraissez absolument dénué de sens commun.

— Ecoutez-moi un peu.

— Voyons cela.

— Vous n'étiez naguère que garçon épicier et j'étais votre patron ; aujourd'hui vous êtes major et je suis capitaine : les positions ont changé, mais les distances sont restées les mêmes...

— Tout garçon épicier que j'ai été et tout major que je sois, je me trouve autant de droit que vous sur la Belle du Sud.

— J'étais et je suis resté votre supérieur... Hiérarchiquement vous ne possédez, major Craig, d'autre droit que celui d'obéir...

— C'est votre sentiment, et c'est ce que nous verrons, capitaine Nicoll... Cette hiérarchie que vous invoquez si complaisamment n'a rien à voir dans une semblable affaire... Contestez mes droits tout à votre aise ; mais je vous préviens que j'ai dans les canons de mon revolver et au fond des carabines de mes hommes autant d'avocats bavards qu'il en faut pour faire valoir et faire triompher ma cause !...

Et Craig recula de deux pas en tirant son revolver.

Nicoll l'imita et se mit sur la défensive en disant :

— On a de quoi vous répondre, maître Craig !

Mais Craig ne tira pas, et Nicoll abaissa son arme.

— J'ai sous mes ordres, continua Nicoll, deux cents robustes gaillards qui ne demandent que plaies et bosses... Si vous voulez en tâter, il ne tient qu'à vous... Ils auront bientôt fait de culbuter la bande indisciplinée que vous commandez.

— Oh ! répliqua Craig, pensez de mes compagnons ce que vous voudrez ; ils sont au-dessus de vos insultes. Vous avez le nombre, mais c'est votre seule supériorité. Ma bande indisciplinée, comme vous dites, a fait ses preuves et ne demande qu'à les renouveler. Elle viendra, sans grand effort, à bout du ramassis de vauriens dont vous vous honorez d'être le chef.

— Permettez-moi d'en douter....

II

Un bruit de pas interrompit le dialogue si animé de Nicoll et de Craig.

Deux soldats amenaient un parlementaire dont les yeux étaient bandés, ainsi qu'il est d'usage en pareille circonstance.

Le capitaine et le major renfoncèrent dans leur ceinture les revolvers qu'ils en avaient un instant tirés.

— Nous reprendrons cette conversation, dit Nicoll à voix basse.

— J'y compte bien, répartit Craig.

Le parlementaire était en présenee des deux officiers.

Nicoll se tourna vers lui.

— Qui êtes-vous, et que désirez-vous, Monsieur ? demanda-t-il.

— Je voudrais parler au capitaine Nicoll... J'appartiens à l'armée confédérée, je suis le lieutenant Mac-Kairchild.

— Lieutenant, dit Nicoll, vous pouvez retirer votre bandeau.

Mac-Kairchild s'empressa d'arracher le mouchoir qui lui couvrait les yeux.

Le lieutenant Mac-Kairchild était un

grand garçon, de vingt-trois à vingt-cinq ans.

La grâce, l'élégance, la force, répandues sur toute sa personne, faisaient bien de cet Irlandais, presque encore adolescent, le digne lieutenant de la femme dont le renom de beauté idéale venait, pendant cinq années, de retentir d'un bout à l'autre des Etats-Unis d'Amérique.

Les deux soldats qui avaient guidé Mac-Kairchild s'étaient retirés à l'écart.

Nicoll s'approcha de Craig.

— Vous le voyez, fit-il, c'est à moi et non pas à vous que la Belle du Sud envoie ses parlementaires !...

Puis il ajouta, s'adressant au Sudiste :

— Je suis le capitaine Nicoll, je vous écoute.

— Va toujours, gronda sourdement Craig.

Mac-Kairchild observait Nicoll et Craig d'un air impassible.

— Capitaine Nicoll, dit le Confédéré en frisant sa fine et brune moustache, il s'agit de négociations que voudrait entamer avec vous le capitaine Sarah Hopper...

— Autrement dit la Belle du Sud ? interrompit Nicoll.

— Oui, la Belle du Sud, confirma Mac-Kairchild en relevant fièrement la tête.

— Je dois vous faire observer, monsieur le parlementaire, reprit Nicoll, qu'en l'état actuel des choses, il ne peut guère être question de négociations... Les événements ont marché à pas de géants depuis quelques jours. Les derniers coups de canon viennent d'être tirés. La campagne est terminée. Après cinq années de batailles gigantesques, dont l'une a duré huit jours, la fortune a enfin couronné les efforts inouïs du Nord et récompensé nos sacrifices d'hommes et d'argent. Il n'y a plus de Confédération du Sud. Les fédéraux l'emportent sur les sudistes. Le roi Dollar a vaincu le roi Coton. Abraham Lincoln triomphe de Jefferson Davis. Depuis le 9 avril, Lee, votre généralissime, et toute votre armée sont prisonniers de guerre. C'est Grant qui les a pris. Jackson, votre fameux Stonewal Jackson, le *Mur-de-Pierre*, ainsi que vous l'appeliez, s'est rendu à Sherman. Dick Taylor, Kirby Smith, les derniers et les plus intrépides défenseurs de votre cause, ont aussi déposé les armes. Mobile a capitulé, Richmond est pris, et, sur tout le territoire des Etats-Unis, il ne vous reste plus que des débris de bandes que nous poursuivons de forêt en forêt, que nous traquons partout. Voilà la situation. L'ignoriez-vous ?

Mac-Kairchild murmura :

— Je savais tout cela.

— Vous voyez donc bien, poursuivit Nicoll, qu'il ne saurait être question de négociations entre nous. Est-ce qu'on traite avec des gens aussi complètement battus que vous l'êtes !

Le Confédéré se redressa à ces paroles.

— Quand on s'appelle la Belle du Sud, dit-il, quand, à soi seule, on a fait trembler l'Union américaine tout entière, quand on commande à des hommes tels que nos compagnons, si on n'obtient pas les conditions qu'on demande, on se bat, on vainc ou on meurt. Vous apprendrez, capitaine, ce que valent ces Sudistes que la fortune a pu trahir, mais que leur courage n'abandonnera jamais...

— Bien dit, observa Craig.

La résolution de Mac-Kairchild et l'exclamation de Craig, avaient rendu Nicoll pensif.

Ce qu'il voulait, lui, ce n'était pas une victoire de plus... C'était la Belle du Sud vivante...

Et il regardait du coin de l'œil Craig dont l'attitude n'était guère rassurante pour ses projets.

Mac-Kairchild, qui se rendait parfaitement compte de la situation, dissimula un sourire.

— Eh bien, interrogea Nicoll, quelles propositions voulait me faire la Belle du Sud ?

— Elles sont des plus acceptables, capitaine... La Belle du Sud offre de déposer les armes et de se constituer prisonnière sans condition, pourvu que vous accordiez à tous les officiers et à tous les soldats servant sous ses ordres la liberté de regagner leurs foyers.

Nicoll étouffait de joie.

Son rêve se réalisait.

Il en était comme fou.

— Rédigez l'acte de convention que vous venez de me proposer, dit-il, et paraphons-le de suite... Puis, vous irez annoncer à la Belle du Sud que, du moment où elle aura franchi ma ligne de sentinelles avancées, qui l'enserre de toutes parts, tous ses soldats et officiers, vous compris, lieutenant, pourront, après avoir remis leurs armes, se retirer librement...

Craig ne soufflait mot.

Il semblait tout absorbé dans la contemplation de l'aurore qui commençait à poindre à l'horizon.

III

Dès que Mac-Kairchild fut reparti, Craig quitta le tronc d'arbre sur lequel il était assis.

Il était furieux, mais il s'efforçait de n'en laisser rien voir et se contenait de son mieux.

Les deux bras croisés sur la poitrine, il s'approcha de Nicoll jusqu'à le toucher.

— Ainsi, fit-il, vous persistez, Nicoll !... Nous aurons été deux à la peine, j'aurai réuni mes efforts aux vôtres pour être plus certain de ne pas manquer la Belle du Sud, et, au jour du triomphe et de la récompense, vous vous séparerez de moi et vous m'écarterez !...

Nicoll répliqua froidement.

— Qu'avez-vous à réclamer ? Ne suis-je pas votre supérieur ?...

— Savez-vous, continua Craig exaspéré, qu'il n'est pas un seul officier de l'armée du Nord qui ne donnerait des années de son existence pour que la Belle du Sud fût en son pouvoir ?

— Que m'importe !

— Savez-vous que moi je n'ai pris les armes que dans cet espoir.

— Je ne vous le demande pas.

— Savez-vous que j'ai joué, pour atteindre ce but, ma tête et mon existence, que je suis prêt encore à les jouer à l'heure présente !

— Je sais que vous m'ennuyez, Craig.

— Nicoll !...

Mais Nicoll n'écoutait plus Craig.

Une sourde rumeur courait à travers le camp nordiste. La Belle du Sud venait de pénétrer dans les lignes fédérales. Les fédéraux se précipitèrent pour voir la jeune femme et pour se trouver sur son passage.

Sarah Hopper était à cheval. Mac-Kairchild la suivait, à cheval aussi.

Le soleil se levait derrière la Belle du Sud et lui faisait comme une auréole de ses rayons naissants.

— La voilà, la voilà ! s'écria Nicoll.

Et il allait s'élancer au-devant de la sudiste.

Mais Craig le saisit par le bras et l'arrêta.

La vue de la Belle du Sud avait mis Craig hors de lui.

— Remettons-nous-en au sort, dit-il... Jouons-la... Autrement, Nicoll, par Dieu ! je le jure, moi vivant, vous ne l'aurez jamais !...

Nicoll haussa les épaules.

— A ce jeu-là, alors, répondit-il, en montrant son revolver, car il faut en finir.

— Eh bien ! oui, à ce jeu-là ! s'écria Craig.

Et les deux rivaux, le revolver au poing, s'empoignèrent du bras qu'ils conservaient libre.

Cette lutte avait un caractère terrible et sauvage.

Les détonations se succédaient.

Mais personne ne songeait à séparer les combattants.

Il y avait, à intervenir, danger de mort presque certain.

On les regardait.

La Belle du Sud et Mac-Kairchild regardaient comme les autres.

Nicoll et Craig étaient tombés. Ils se roulaient à terre comme des bêtes fauves qui s'entredéchirent.

Enfin, Nicoll se releva.

La première parole fut un cri de triomphe.

— J'ai gagné ! s'écria-t-il.

— Et je vous en félicite, capitaine, dit la Belle du Sud d'un ton railleur.

Au son de cette voix, Nicoll tressaillit.

Mais, dès que ses regards se furent fixés sur la Belle du Sud, il pâlit affreusement.

Sarah Hopper souriait d'un air de triomphe.

Fièrement campée sur sa monture, elle, la Sudiste, la prisonnière, elle semblait seule commander dans ce camp fédéral

On ne voyait plus en elle la rebelle, mais la femme... Or, la femme était admirablement belle sous son élégant uniforme d'officier sudiste.

Nicoll était abruti. Il comprimait à deux mains son front près d'éclater, en murmurant avec un désespoir comique :

— C'est ma femme !...

— Oui, votre femme, maître Nicoll, et votre châtiment peut-être... Aussi, vous le voyez, il était bien inutile d'assassiner ce pauvre Craig pour vous assurer la possession d'une créature que vous détestez si cordialement... Soyez tranquille, maître Nicoll, votre haine, je vous la rends bien... Je sais bien des choses sur votre compte, Nicoll, et si je me suis rendue à vous, c'est qu'en me rendant je me vengeais ; c'est que je vous savais sans pouvoir sur moi... Bénissez Dieu, si vous y croyez, de la position respective où il nous a placé l'un et l'autre, car elle vous sauve... Adieu, maître Nicoll, je quitte l'Amérique et jamais vous n'entendrez plus parler de moi... Pensez quelquefois à moi et prenez garde à la potence...

Nicoll avait perdu la parole.

— Et maintenant, partons, Mac-Kairchild, dit la Belle du Sud... Le bonheur nous attend en Europe, allons l'y chercher...

Puis, enlevant de la main sa monture, elle s'élança, escortée de Mac-Kairchild, au milieu des fédéraux stupéfaits, en leur criant :

— Soldats, place à la femme du capitaine Nicoll !

Personne n'osa lui barrer le passage.

Nicoll répétait, avec égarement, ces deux mots d'une signification terrible pour lui :

— Ma femme !...

Alors Craig, qui se mourait à ses pieds, la poitrine percée de deux balles, trouva un moment la force de se soulever sur le coude.

— Dites-donc..., Nicoll..., râla-t-il avec peine, c'était la patronne ! Ah ! je meurs vengé... Sans compter... Nicoll... que vous serez... pendu... pour avoir tué... un major de l'armée... fédérale !...

Le grand jour était venu et la Belle du Sud était déjà hors d'atteinte.

Craig reprit :

— C'est égal... Mac... Mac-Kairchild... a rudement de la chance... c'est lui... lui qui aura la patronne !...

Et il expira.

— Enfer ! s'écria Nicoll, sortant de sa stupeur et tendant le poing du côté où la Belle du Sud était partie.

LA LÉGENDE DE POLIGNAC

Le Bonhomme Cent-Ans

I

Quand on sort du Puy par la route qui mène à Clermont-Ferrand, en Auvergne, on rencontre, après avoir péniblement gravi les rampes abruptes et fatigantes du mont Danise, un peu à droite, à une lieue environ de la capitale du Velay, une massive et imposante ruine, vaste débris des siècles écoulés, solidement assise sur un gigantesque bloc de lave et de granit.

On dirait que la nature, lorsqu'elle plaça là ce rocher, seul, isolé, au milieu de la vallée plane, n'eut d'autre intention que de le faire servir de base aux constructions féodales qui le couronnent si magnifiquement.

L'œil étonné s'élève jusqu'au ciel pour atteindre le sommet des hautes tours ventrues qui, tant bien que mal, ont résisté au temps, dont la faulx impitoyable nivèle tout, détruit tout, aux hommes, plus niveleurs, plus destructeurs encore.

Vous aurez peine à embrasser d'un seul regard cette vaste enceinte de murailles crênelées, épaisses, inébranlables qui ont vu naître et disparaître dix-huit siècles d'agitations continuelles et de guerres sans merci, au pied desquelles ont tour à tour retenti le hennissement des chevaux de César, les sauvages clameurs des Goths, le cri de guerre des Francs de Clovis, les monotones tam-tams des Sarrazins, les trompettes éclatantes de Louis-le-Jeune de France, la mousqueterie impuissante des Ligueurs et cette grande et formidable voix de 1789, dont l'écho, se prolongeant à travers le dix-neuvième siècle, a galvanisé le monde.

Si par hasard, ignorant le nom de cette ruine, vous le demandez au pâtre qui vous accompagne, il vous répondra avec une emphase qui vous fera réfléchir :

— C'est Polignac !

Comme si ce seul nom devait tout renfermer. Comme si ce seul nom, évoquant tant et de si glorieux souvenirs, valait tous les détails, tous les récits, toutes les légendes qui, de père en fils, d'âge en âge, ont été transmis jusqu'à nous.

Sans presser longtemps votre compagnon, vous parviendrez sans peine à lui faire raconter le vaillant passé de ce rocher, morne, silencieux aujourd'hui et comme triste de son abandon, de ce formidable donjon fièrement perché au bord de l'abîme et qui semble, avec sa tête orgueilleuse que la foudre a maintes fois sillonnée, un vénérable patriarche au milieu de sa nombreuse famille.

Toutefois, il vous faudra de la patience, car il se pourrait bien que deux fois le soleil parût et disparût à l'horizon avant que votre cicerone ait achevé la chère et attachante narration dans laquelle il se complait.

C'est, en effet, Polignac.

C'est l'antique temple d'Apollon, le berceau des Apollinaires, l'inexpugnable château-fort des vicomtes de Polignac, ces redoutables et altiers *Rois des montagnes* qui promenaient leur bannière éclatante et leur écusson *fascé de gueules et d'argent* des murs d'Antioche, la ville de Séleucus Nicanor, en Asie, aux fossés de Toulouse, des remparts de Damiette, l'Egyptienne, la Sarrasine des bords sacrés du Nil, aux sept collines de la cité de Constantin, la Rome de l'Orient, de Florence, sur les rives fleuries de l'Arno, aux plages les plus reculées et les plus lointaines de la vieille Armorique.

De nos jours, leurs descendants n'ont pas failli à ces exemples.

On les a vus jusqu'au Texas, où le prince Camille, major général dans l'armée confédérée, défendit de son épée la cause des Sudistes insurgés contre les Yankees fédéraux et le gouvernement de Washington.

Polignac ! comme ce nom sonne bien à l'oreille des habitants du Velay ! Quelle émotion il fait naître dans leur âme ! Quels éclairs il allume dans leurs yeux.

Pendant dix ans la tourmente révolutionnaire se déchaîna sur la France avec d'effroyables coups de tonnerre. La guerre civile et la guerre étrangère s'abattirent sur ce malheureux pays.

Partout le désordre, la guillotine et la mort. Nulle part de justice que celle qu'on se faisait soi-même.

Réfugiée en Autriche, la comtesse de Polignac, qu'une amitié si tendre, si touchante, unissait à la reine, expira de chagrin, de douleur, de regrets, quand on lui eut annoncé l'exécution de Marie-Antoinette.

Dans ce vieux manoir de Polignac dont les larges voûtes avaient répercuté les joyeux éclats de rire du roi-gentilhomme et de sa cour frivole, retentirent aussi, avec un funèbre écho, les revendications longtemps comprimées, la colère populaire et les imprécations de 1793.

Que d'événements depuis !

Le Consulat a engendré l'Empire, à qui succéda la Restauration. Par un suprême effort qu'on devait lui faire expier à Sainte-Hélène, le grand Empereur reconquit Cent Jours de règne, puis les lys, un moment en fuite devant l'aigle, reparurent aux Tuileries. Charles X posa sur sa tête la couronne de Louis XVIII, qui lui fut arrachée par l'orage de 1830 et les intrigues du duc d'Orléans, pressé de prendre le titre de roi constitutionnel des Français. Bien mal acquis profite rarement. Elevé au trône par une révolution, Louis-Philippe en fut précipité par une autre révolution. Vint alors la République, qui donna la Présidence au prince Louis-Napoléon. Le Président se fit empereur, puis l'Empire tomba. Sa succession qu'il fallut arracher aux Prussiens, passa aux gouvernements de la Défense nationale, de l'Essai loyal et de la République résolûment conservatrice.....

Nous sommes en l'an de grâce 1876, Thiers a cessé de régner depuis le 24 mai 1873. Mac-Mahon le remplace...

Fidèles à leurs traditions, les gens du Velay n'ont perdu ni la mémoire des bienfaits, ni le souvenir de la grandeur des temps qui ne sont plus.

Ils ont toujours les yeux fixés sur Polignac. Ils ne peuvent s'imaginer que ce château si bruyant, si animé jadis, que ce nom si célèbre, si retentissant, que cette famille si illustre, soient condamnés à s'éteindre dans une obscurité silencieuse, dans un irrévocable oubli.

Tout bas ils répètent ce vieux dicton :

— *Si le bon Dieu mourait, qui serait bon Dieu ?*

— *Polignac.*

— *Ah! oui, s'il voulait bien!*

Ils ont foi dans l'avenir; ils attendent, ils espèrent, convaincus que de longs et beaux jours sont réservés à Polignac.

Ecoutez plutôt la légende.

II

Cela remonte déjà assez loin.

Décembre finissait, âpre, rigoureux et rude, comme il avait commencé.

Il y avait des années qu'il n'avait fait aussi froid.

Tout le pays du Velay disparaissait sous une épaisse couche de neige durcie par la gelée; les rivières la Borne, la Dolaison, la Loire elle-même étaient glacées.

Dépouillée de toute sa verdure et de tous ses attraits, la campagne présentait l'aspect attristant d'une verte steppe tourmentée et déserte.

Au Puy, à peine si une légère circulation décelait la vie; les bourgeois évitaient de s'éloigner de leurs demeures.

Les paysans se tenaient renfermés chez eux et ne se montraient pas plus que s'ils n'eussent pas existé.

Toute la journée, le ciel avait été plombé et bas, puis, la nuit approchant, il était devenu noir comme de l'encre; pas une étoile n'y brillait.

Sur le soir, la température avait un peu molli; le vent s'était mis à souffler par rafales violentes, la neige avait commencé à tomber en flocons pressés, qui s'entassaient silencieusement.

Dans une des plus pauvres chaumières du bourg de Polignac agonisait un vieillard.

C'était une créature bizarre et un être singulier.

Il paraissait aussi vieux que le monde. Personne n'aurait pu dire quel âge il avait, et lui-même l'ignorait.

On l'appelait le *Bonhomme Cent-Ans*.

Evidemment il avait un autre nom, mais nul dans la contrée ne le connaissait.

Quoiqu'il ne fût pas riche, il n'était pas misérable non plus.

La maisonnette qu'il habitait lui appartenait. En outre, il possédait quelques petites économies, aussi bien cachées que parcimonieusement amassées, et peut-être une cinquantaine d'écus en rentes viagères.

Avec cela il vivait, attendant, calme et résigné, sa dernière heure.

Elle ne semblait pas bien éloignée.

Cet hiver précoce et dur lui avait été fatal.

Dès les premiers froids, à la rapide décroissance de ses forces, à l'affaiblissement graduel de ses facultés, le bonhomme Cent-Ans avait tout de suite compris qu'il n'en avait plus pour longtemps.

Il était prêt; la mort ne lui inspirait ni crainte ni effroi; ayant toujours honnêtement vécu, il la voyait sans terreur s'installer chez lui, l'envelopper peu à peu.

Il ne souffrait pas; la vie se retirait de lui insensiblement et presque sans qu'il s'en aperçût; il s'éteignait doucement, tranquillement.

Il tenait à mourir debout et avait refusé avec obstination de se mettre au lit.

Aussi muet, aussi immobile qu'un des rigides dieux de granit de l'antique Egypte, il demeurait des journées entières au coin du feu, les pieds allongés dans la cendre, fixant d'un regard terne la flamme vacillante du foyer.

Autour de lui allaient et venaient deux femmes, ses voisines, qui le gardaient, le soignaient et le veillaient.

— Père Cent-Ans, dit l'une d'elles, comment vous trouvez-vous ce soir?

Le vieillard ne répondit pas.

— Pauvre vieux, il n'entend déjà plus!

Elle reprit cependant sur un ton plus élevé :

— Eh! père Cent-Ans, père Cent-Ans!

Même silence.

La femme secoua la tête.

— C'est fini! murmura-t-elle.

Et, s'approchant du vieillard, elle lui prit les mains dans les siennes.

— Il est glacé! fit-elle.

Puis s'adressant à sa compagne :

— Gertrude, jetez donc une brassée de sarments dans la cheminée.

Le feu se mit à pétiller, éclairant tantôt de lueurs fantastiques, tantôt laissant dans une ombre effrayante la chambre, le bonhomme Cent-Ans et ses deux compagnes.

Celle qui répondait au nom de Gertrude reprit :

— Je crois bien, Jacquette, que nous passons notre dernière nuit.

— C'est probable.

Et Jacquette alla s'accroupir devant le feu, auprès de Gertrude.

Dehors, le vent redoublait de rage, de furie et de violence; il secouait, à les arracher de leur gonds, les fenêtres et la porte de la chaumière.

Par intervalles on entendait les hurlements des loups que la disette chassait des bois, maigres, affamés, avides de carnage, ou les aboiements sans fin des chiens de garde dans les fermes.

Jacquette et Gertrude n'étaient pas rassurées du tout.

— Quel temps épouvantable! fit Jacquette!

— Un bon temps pour les revenants, répliqua Gertrude qui se signa en tremblant.

— Oui, et madame Marqueza doit faire un joli sabbat là-haut, dans les ruines du château de Polignac... Je préfère le croire que d'y aller voir.

Et Gertrude, à son tour, fit un signe de croix.

A ces mots le bonhomme Cent-Ans avait redressé sa tête blanche.

— Polignac... balbutia-t-il, comme s'il eût cherché à se rappeler.

Gertrude se leva.

— Avez-vous soif, père Cent-Ans, voulez-vous boire? interrogea-t-elle.

— Qui parle de Polignac?... continua le bonhomme Cent-Ans.

Jacquette haussa les épaules.

— Il divague murmura-t-elle.

Le vieillard était aussitôt retombé dans son mutisme.

Gertrude demanda:

— Je n'ai jamais bien su pourquoi l'âme de Mme Marqueza revenait toutes les nuits dans les ruines?

— C'est tout une histoire.

— Contez-la moi.

Jacquette ne demandait pas mieux. Elle commença sans se faire prier:

— Dans ce temps-là, Mme Marqueza était la femme adorée du vicomte Armand de Polignac. D'abord elle se contenta de ne plaire qu'à son mari; mais bientôt cela ne lui suffit plus, et elle eut deux amants.

— Deux amants à la fois? interrompit Gertrude.

— A la fois.

— Quelle maîtresse femme!

Gertrude continua:

— L'un était un beau troubadour nommé Guilhem de St-Didier, qui lui faisait des vers, l'autre Ugo, son page favori, un ravissant enfant qui se mourait pour ses beaux yeux.

— Qu'arriva-t-il?

— Les plus belles amours sont aussi celles qui durent le moins. Il arriva que tout se découvrit. Un beau matin on trouva dans la vallée le cadavre du gentil page Ugo; il avait été assassiné, on ne sait par qui. Guilhem de Saint-Didier, qui n'était plus, lui, aussi épris des charmes de Mme Marqueza, s'en alla dans un autre pays déposer aux pieds d'une autre beauté ses chansons et son cœur.

— Et le vicomte Armand?

— Le vicomte Armand, quand il apprit de quelle façon il avait été trahi, entra dans une colère épouvantable. Pour venger son honneur de la double tache qu'y avait imprimée Mme Marqueza, il enchaîna celle-ci dans une des grosses tours de son château, et la pauvre vicomtesse y resta jusqu'à sa mort, des années...

— Heureusement, dit Gertrude, un peu à l'étourdie, tous les maris ne ressemblent pas au vicomte Armand, sans quoi, de nos jours...

Puis, s'apercevant qu'elle en avait trop dit, elle rougit et s'arrêta.

Le bonhomme Cent-Ans avait fort attentivement écouté ce récit; il ajouta d'une voix lente:

— Et chaque nuit, quand sonne la douzième heure, l'âme de la vicomtesse de Polignac, morte en état de péché mortel, quitte le séjour des damnés et vient sur terre réclamer des messes...

Les deux femmes tressaillirent.

— C'est le délire, fit Gertrude.

— Père Cent-Ans, dit Jacquette, désirez-vous quelque chose ?

Le vieillard arrêta sur elles ses yeux atones, et, passant sa main décharnée dans sa longue barbe d'argent, il reprit :

— Mauvais temps, mauvais temps ! Entendez-vous, femmes, comme il vente ? Cet ouragan va encore arracher quelques pierres, renverser quelques pans de mur et augmenter les ruines. Pauvre château !...

Jacquette murmura à l'oreille de sa compagne :

— Voilà sa raison qui l'abandonne.

Gertrude dit :

— Ne parlez pas, père Cent-Ans, vous vous fatiguez inutilement.

Le vieillard ne tint aucun compte de la recommandation, il poursuivit :

— J'avais un espoir, que je caressais longuement, qui faisait toute ma joie, tout mon bonheur, c'était que Dieu me laisserait assez sur terre pour que je voie la noble maison de Polignac reprendre dans le monde la place et le rang auxquels elle a droit, qu'elle a si longtemps occupés. Hélas ! le Seigneur ne l'a pas permis et me rappelle à lui : je ne puis que m'incliner et dire, comme Job ; Que la volonté du Seigneur s'accomplisse !

Gertrude et Jacquette se regardaient interdites.

— Décidément, pensaient-elles, le vieux perd tout à fait la tête.

Le bonhomme Cent-Ans continua en s'animant :

— Ce nom de Polignac, qui remplit toute l'histoire du Velay, et parfois toute l'histoire de France, se trouve, avec des chances diverses, mêlé à la plupart des événements importants de chaque époque. Ceux qui le portent semblent en butte aux poursuites d'un destin contraire qui s'acharne sans relâche et sans se lasser après eux... Mais ils sont forts, tenaces et indomptables, l'échafaudage de leur fortune n'est pas plutôt abattu qu'ils se relèvent et le redressent à nouveau. Triompheront-ils dans cette lutte obstinée contre leur mauvais sort ? Dieu seul le sait, et d'autres que moi, — dont les minutes ici-bas sont comptées, d'autres que moi le verront.

Le vieillard soupira profondément.

— Ah ! Polignac, poursuivit-il, Polignac, si du moins j'avais pu emporter dans la tombe la certitude que tu sortiras vainqueur des épreuves sans cesse renaissantes auxquelles tu es soumis, je serais mort content !

En ce moment un tourbillon de vent enveloppa en mugissant et ébranla jusqu'à sa base l'humble chaumière.

La porte, cédant à la violence de la bourrasque, s'ouvrit d'elle-même et alla battre avec fracas la muraille.

Un homme entra.

A sa vue, les deux femmes, prises d'épouvante, coururent se blottir dans un coin.

— Bien sûr, firent-elles, c'est le diable !

L'inconnu était de haute taille ; il avait un air imposant, surnaturel ; son regard possédait un éclat doux, pénétrant, fascinateur, que n'a pas le regard des simples mortels ; dans la demi-obscurité où il se trouvait, on eût dit qu'une auréole lumineuse environnait sa tête.

— Femmes, dit-il après avoir jeté sur un escabeau son manteau couvert de neige ; femmes, rassurez-vous, je suis envoyé du ciel et non messager de l'enfer.

Puis, s'approchant du père Cent-Ans :

— Ecoute...

— Qui êtes-vous donc ? demanda le vieillard.

— Je suis le *Génie de Polignac*... Ne m'interromps plus... Le Seigneur, Dieu du ciel et de la terre, a entendu et exaucé tes prières ; il a eu pitié de toi, et dans sa mansuétude, il a permis que je quittasse l'empyrée, séjour des bienheureux, et que je vinsse adoucir ta fin. Meurs en paix. Polignac n'est pas près de s'éteindre ; de brillantes destinées lui sont réservées. Un enfant grandit, qui se révèlera bientôt. Il relèvera les murs croulants du vieux manoir tant de fois séculaire ; il rachètera les vastes domaines, les innombrables propriétés aliénées de ses ancêtres, il rendra au vieux nom qu'il porte, à l'antique race dont il est issu, toute leur gloire, tout leur éclat, tout leur prestige, toute leur splendeur des temps passés. Par lui et grâce à lui, Polignac deviendra plus riche, plus puissant, plus illustre qu'il n'a jamais été.

— Oh ! parlez, parlez encore, fit le vieillard.

—Je ne puis t'en dire davantage. Crois, car il n'y a que la foi qui sauve; espère, car il n'y a que la prière qui fortifie, car tu ne verras pas l'aurore de demain... Adieu, tu me retrouveras là-haut.

— Soyez béni! murmura le bonhomme Cent-Ans d'une voix éteinte.

Et, joignant les mains, il se mit à prier avec ferveur.

Le Génie de Polignac avait disparu comme une vision, sans laisser la moindre trace de son passage.

Ni Jacquette ni Gertrude n'osaient bouger.

Absorbé dans son recueillement, le bonhomme Cent-Ans semblait anéanti.

Sa respiration semblait pénible et devenait de plus en plus courte, ses traits s'altéraient sensiblement.

Vers le milieu de la nuit, il essaya de se soulever dans son fauteuil.

Son regard eut un dernier éclair.

— Polignac... balbutia-t-il.

Il n'avait plus de forces; aussitôt il retomba assis, ses yeux se fermèrent, ses bras tombèrent ballants.

— Il est mort, dit Gertrude.

Alors, après avoir allumé un cierge, les deux femmes s'agenouillèrent et récitèrent les prières des trépassés.

Les Adieux au Temple

I

L'empire, — le premier, — était fait depuis plusieurs années.

Cependant, le Temple n'avait pas encore changé de destination.

Il continuait à être ce qu'il avait été depuis 1789, sous la Convention, sous le Directoire et sous le Consulat, — une prison.

Toutefois, on parlait déjà d'y installer un ministère.

Le jour où nous pénétrons au Temple, deux hommes, tout jeunes, s'entretenaient à voix basse dans une des chambres de la vieille forteresse

Ils étaient prisonniers.

Et on les gardait étroitement, car c'étaient, dit-on, de grands criminels.

Néanmoins, leur aspect semblait le plus débonnaire du monde.

Ils n'inspiraient rien de la répulsion qu'on s'attend toujours à éprouver en face de coupables. Au contraire, leur jeunesse, l'air de distinction, de grâce, répandu sur toute leur personne, leurs bonnes manières auraient immanquablement attiré la personne la plus prévenue contre eux.

Ils n'en avaient pas moins failli monter sur la guillotine...

Affaires politiques !

Ils étaient assis de chaque côté d'une petite table de bois blanc, et, à travers les carreaux de la fenêtre qui les éclairait, ils regardaient le ciel.

La douce contemplation et le cher bonheur pour ceux qui n'en jouissent que d'un petit coin !

Ils causaient, avons-nous dit.

Leur conversation était ce qu'a été, ce

que sera éternellement la conversation des captifs.

Ils parlaient des larges espaces, des horizons sans bornes, des longues promenades, des lointains voyages ; ils parlaient surtout d'évasion, de fuite, de délivrance et de liberté.

— Voilà cinq ans passés, disait à son compagnon celui des deux prisonniers qui paraissait le plus âgé, voilà cinq ans, Jules, que tu nourris les mêmes illusions que tu caresses les mêmes espérances.

— Ah ! mon cher Armand, à moins de se briser la tête contre les murs ou de te laisser mourir de chagrin, que veux-tu que je fasse en prison ?

— A quoi t'avancent les chimères que tu te forges ?

— A rien, selon toi ; à tout, d'après moi.

— C'est facile à dire.

— Et non moins aisé à prouver.

— Prouve... cela passera toujours le temps.

— Tiens, Armand, tu me fournis toi-même mon premier argument... Mes chimères ont déjà l'avantage de nous aider à passer le temps.

— Oui, voilà déjà plus de cinq années de notre existence que nous passons sous les verrous, cinq années que tu espères, que tu attends...

— Savoir attendre, c'est plus qu'une vertu, c'est une force. Tu verras, frère...

Armand ébaucha un triste sourire.

— Au fond, dit-il, je pense comme toi : seulement, je renferme mieux mes impressions. Tu n'es que trop prompt à te leurrer.

— Oui, sans doute, bien souvent nos espérances les plus chères ne sont que leurres et mensonges, mais il arrive fatalement un moment où nos souhaits les plus insensés deviennent réalités.

— Et ce moment, quand l'atteindrons-nous ?

— Lorsqu'il plaira à Dieu. Dans dix ans, dans dix mois, dans dix heures, peut-être même dans dix minutes !... Dieu n'est-il pas le souverain maître ? Et des choses les plus improbables, les plus impossibles, ne peut-il pas, à l'instant, s'il lui plaît, faire les choses les plus réelles, les plus positives !

— Tu as raison, frère, il faut toujours espérer ; c'est une manière d'adorer le Créateur.

Et Armand, posant son coude sur la table, appuya son front dans sa main.

Jules n'eut garde de troubler la méditation de son frère.

Il se leva et alla prendre, dans une armoire, quelques aliments qu'il apporta sur la table.

Puis, voyant qu'Armand ne bougeait toujours pas :

— Dis donc, Armand, fit-il, est-ce que tu ne goûteras pas avec moi aux *bonnes choses* que nous a offertes mon petit ami, le fils de madame Giehl ?

Armand s'arracha à ses rêveries.

— Oh ! dit-il, ce ne sont pas les dévouements qui nous manquent, et nous aurions de l'ingratitude à ne pas le reconnaître. Mme Vincent-Lefébure, Mme Savoie, enfin Mme Gielh, cette sœur d'un des directeurs de la police de Bonaparte, le comte Réal, femmes au cœur chaud et compatissant, se sont élevées au niveau de cet ange d'amour et d'abnégation qui a nom Ida et qui est ma femme.

— Et quels résultats elles ont obtenus ! Depuis un an que nous habitons cette prison, de quelle sollicitude n'ont-elles pas fait preuve ! Toutes les douceurs qui peuvent rendre la captivité plus supportable, elles nous les ont procurées. C'est aux fenêtres de Mme Lefébure que nous pûmes apercevoir Ida avant qu'elle réussît à pénétrer dans le Temple. C'est Mme Savoie qui a intéressé Mme Giehl à notre sort C'est Mme Giehl qui a obtenu pour ma femme l'autorisation de nous visiter. Enfin, ces fruits, ces gâteaux, c'est par son jeune enfant qu'elle nous les fait apporter à la Tour... Ah ! oui, tu avais raison, Jules, nous ne pouvons pas désespérer !

— Désespérer ! cria Jules. Désespérer quand la fortune se lasse de nous persécuter ! Regarde, frère : vois ce que ce gâteau contenait, lis ce qu'il y a dans ce billet..

Armand s'empara du papier que son frère avait découvert.

Le bonheur l'aveuglait tellement qu'il dut, pour ainsi dire, épeler les lignes que nous reproduisons :

« Mon bien aimé Armand,

» Je me suis entendue avec nos amies,
» nos plans sont arrêtés et, ce soir, — si
» rien ne les contrarie, — vous serez libres
» tous les deux.

» Ida. »

— Sauvés ! s'écrièrent à la fois Armand et Jules, qui tombèrent dans les bras l'un de l'autre.

II

Au point où nous en sommes, il nous semble à propos de dire qui étaient ces deux prisonniers que l'empereur faisait garder au Temple.

C'étaient les comtes Armand et Jules de Polignac.

Quelques années auparavant, ils n'avaient échappé au bourreau que par une sorte de miracle.

Aux termes stricts de la légalité, leur peine était expirée, mais, jusque-là, le grand empereur n'avait pu se résoudre à leur permettre de sortir de prison.

Ces favoris d'un régime déchu occupaient les mêmes lieux que Louis XVI et la reine Marie-Antoinette n'avaient quittés que pour se rapprocher de l'échafaud.

Leur détention remontait à 1804.

Ils avaient été compromis dans la conspiration de Georges Cadoudal contre le premier consul.

Or, on sait que la justice et les justiciers du premier consul ne plaisantaient guère.

Les comtes Armand et Jules, uniques rejetons d'une famille longtemps célèbre par ses prospérités, par les dignités éclatantes dont ses ancêtres avaient été revêtus, par l'immense faveur dont la duchesse de Polignac avait joui à la cour la plus brillante du monde, avaient senti la mort planer de son vol pesant et lourd sur leurs jeunes têtes.

Au sein de leur malheur, ces deux hommes, dont la famille était, depuis la fin du règne de Louis XVI, en butte à tant d'animadversion et de calomnies, surent donner à leurs ennemis un exemple de dévouement, d'abnégation et de générosité que nul ne put point ne pas admirer.

Lorsque les défenseurs eurent prononcé les plaidoyers, le président, suivant l'usage, demanda successivement à chacun des accusés s'il avait des observations à présenter.

Alors, le comte Armand se leva.

Et, après avoir prié les juges de remarquer qu'un homme qui sortait souvent le jour et seul, comme il le faisait, n'avait pas intérêt à se cacher et ne pouvait être un conspirateur, il ajouta :

— Je n'ai plus qu'un seul vœu à formuler : c'est que si la condamnation que vous tenez suspendue sur nos fronts doit menacer l'existence de plusieurs accusés, — en faveur au moins de sa jeunesse, si ce n'est en faveur de son innocence, — sauvez mon frère, et faites retomber sur moi tout le poids de votre colère.

Puis le comte Jules prit la parole et discuta sa cause à son tour.

Enfin, le lendemain, avant la fermeture des débats, une touchante discussion s'engagea entre les deux frères.

— Trop ému hier, dit le comte Jules, et forcé de porter attention à ma propre défense, je n'ai entendu que légèrement les paroles de mon frère... Je vous en prie, messieurs, que ce que vous a dit mon frère ne vous fasse pas avoir égard au vœu qu'il vous a adressé... Je le répète, au contraire, et avec plus de justice, si l'un de nous deux doit être condamné, s'il en est temps encore, sauvez-le, rendez-le à la femme qui le pleure... Moi, je n'en ai point... Comme lui, je saurai braver la mort... Trop jeune pour avoir goûté à la vie, puis-je la regretter ?...

Le comte Armand s'écria :

— Non, tu as une carrière à parcourir... C'est moi qui dois périr.

Armand de Polignac avait alors trente et un ans, Jules vingt-trois.

Dans l'auditoire, on avait pleuré.

Le 9 juin 1804, ou, pour parler la langue de l'époque, le 21 prairial, an XII, l'arrêt fut prononcé.

Armand de Polignac fut condamné à la peine de mort, et Jules à deux années d'emprisonnement.

La comtesse de Polignac, presque mourante, alla se jeter aux pieds du premier consul.

Joséphine joignit ses prières à ses larmes et à ses supplications.

Bonaparte, touché et fléchi, commua la peine de mort en une détention jusqu'à la paix, suivie de la déportation.

La lettre de grâce fut entérinée le 24 juin, en présence du comte Armand, à l'heure même où Georges Cadoudal, un de ses parents et dix autres condamnés payaient de leur tête, en place de Grève, une conspiration avortée.

Enfermés d'abord au château de Ham, les comtes Armand et Jules de Polignac y passèrent trois années. De là, ils furent transférés au Temple, où nous les avons retrouvés.

III

De leur existence, les comtes Armand et Jules n'avaient connu de moments plus heureux.

L'ivresse de la liberté, de l'indépendance les avait empoignés et, si fort qu'ils fussent, si solidement qu'eût été trempé leur caractère, ils ne pouvaient pas, ils n'essayaient même pas de comprimer l'épanouissement de leur félicité.

On croit toujours rêver quand des chances pareilles et aussi inattendues vous arrivent.

Les deux frères se demandèrent donc un instant s'ils n'étaient pas la proie de quelque songe décevant.

Mais non, le papier, messager de la bonne nouvelle, était là, et les lignes si courtes qu'il renfermait étaient bien de la main de la comtesse Ida.

— Ainsi, fit Armand, nous allons revoir tous ceux que nous aimons, tous ceux qui nous sont chers, ma femme, nos parents, nos amis, nos princes... Quelle jouissance infinie !

— Oh, oui ! continua Jules, et voilà toutes nos souffrances effacées, toutes nos douleurs calmées... sans compter la vengeance... Et en connais-tu de plus agréable, de plus cruelle pour Bonaparte que la permission de sortir que nous allons nous octroyer sans en rien dire à personne ?

Cependant, l'exaltation d'Armand était tombée peu à peu, et il commençait à envisager plus froidement la situation.

— Garde-toi, Jules, de trop d'enthousiasme, fit-il, car nous pourrions bien. .

— Achève.

— Tout à l'heure. On vient... ici peut-être... Ecoutons.

Armand avait prévu juste.

Deux minutes après, les portes de leur chambre s'ouvrirent, et le commandant du Temple entra, suivi de deux hommes.

— Mon Dieu ! qu'y a-t-il ? murmura Jules en portant la main à son cœur.

Armand, qui était resté plus maître de lui, fit quelques pas à la rencontre du commandant.

— Quoi de nouveau pour nous, monsieur ? demanda-t-il, non pourtant sans que sa voix tremblât d'émotion.

— Messieurs, dit le commandant, le ministre a décidé votre transfèrement au donjon de Vincennes, le Temple devant recevoir une autre destination que celle qu'il a actuellement. Vous pouvez dès maintenant vous apprêter à ce départ, qui aura lieu dans quelques heures.

Et lorsque les deux frères se retrouvèrent seuls :

— Que te disais-je ?... fit Armand tristement.

— Hélas ! répondit Jules, voilà nos beaux rêves ajournés ! Je dis ajournés, car il ne faut pas que l'infortune nous accable. Ce que nous n'avons pu réussir à Ham et au Temple, nous le parferons sans doute à Vincennes. Chassons donc toute amertume ; soyons digne de notre nom, de nos ancêtres, des prospérités comme des malheurs de notre famille, et que l'adieu que nous donnerons au Temple soit sans amertume, un adieu plein d'espoir.

Le comte Jules se recueillit une seconde, puis prenant une feuille de papier, un crayon, et s'apprêtant à écrire :

— Ecoute, Armand, les vers que j'entrevois.

Et tout haut il dicta :

Adieu, prison, adieu, fatal abîme,
Gouffre d'enfer, véritable tombeau,
Hideux séjour d'innocence et de crime,
Où l'espoir même a perdu son flambeau !

C'est dans vos murs que mes jeunes années,
Sous les combats du malheur et du temps,
De songes vains, constamment dominées,
Livraient mon front aux ravages des ans.

Ah ! Polignac ! si la fortune amie,
Sur ton chemin, répand un jour des fleurs,
Sans oublier sa poursuite ennemie,
Suis les leçons que dictent tes malheurs !

De l'infortune écarte les alarmes,
Défends les cœurs qu'elle cherche à blesser.
Il est bien doux d'essuyer quelques larmes,
Il est affreux de les faire couler.

Repousse au loin les funestes pensées
De la vengeance aux regards soupçonneux.
Ne te souviens de tes peines passées
Que pour apprendre à faire des heureux.

De tes douleurs, retraçant la mémoire,
Si l'amitié voulait la buriner,
Que ces mots seuls composent ton histoire :
« Il sut souffrir et sut tout pardonner ! »

Pendant que Jules dictait, Armand notait la musique au courant de la plume.

— Bien dit, fit le comte Armand... C'est ainsi qu'il faut se consoler... La liberté vient, une fois encore, de passer auprès de nous ; mais un jour, elle finira bien par venir à nous et par nous emporter dans les plis de son large manteau.

Le comte Jules ajouta :

— Et alors nous rentrerons dans la vie commune si fermement trempés, que nous pourrons prétendre à tout et faire honneur au noble et illustre nom que nous portons.

— En route donc pour Vincennes !

— En route sans récriminer, car chaque étape que nous fournissons nous rapproche de la fin de l'horrible voyage que nous accomplissons depuis quatre ans !

Ce ne fut qu'en 1814 que les comtes de Polignac parvinrent à s'évader de prison, et cela d'une façon curieuse, que nous raconterons plus loin.

Ce qu'ils devinrent, les hautes destinées qui les attendaient, nous n'avons pas à en parler, attendu que ce n'est pas le domaine de l'histoire que nous exploitons.

Les Comtes de Polignac

I

Dans les premiers jours de la néfaste année 1814, par une matinée brumeuse et froide, un commissaire de police, accompagné d'un agent, se présenta vers les dix heures à la maison de santé de M. Théodore de Pyrou, impasse Longue-Avoine, 1, tout en haut de la rue Saint-Jacques, à l'extrémité de Paris.

Le commissaire demanda à parler à M. de Pyrou, et, une fois en présence du propriétaire de la maison de santé, une fois qu'il eut décliné ses qualités et exhibé ses pouvoirs, il déclara que, par ordre du ministre de la police, lui, Théodore de Pyrou allait remettre entre ses mains, contre décharge, la personne des comtes Armand et Jules de Polignac.

M. de Pyrou, après avoir vérifié l'authenticité de la mission du commissaire, répliqua à celui-ci qu'il était prêt à obéir, qu'il pouvait emmener MM. de Polignac quand et où il lui conviendrait, qu'il allait le conduire auprès d'eux.

Les comtes de Polignac étaient demeurés à Vincennes jusqu'en 1810, époque où, à l'occasion du mariage de l'archiduchesse Marie-Louise avec l'Empereur, ils avaient obtenu de subir leur détention dans une maison de santé.

Mais, en recevant cette faveur, ils s'étaient engagés, sur l'honneur, à ne pas chercher à fuir.

Grâce à cette garantie, ils avaient joui d'une amélioration sensible de leur sort et d'une liberté relative.

Au sortir de Vincennes, ils avaient été détenus faubourg Saint-Antoine, dans la maison de santé de MM. Dubuisson et Pressat, et ils y restèrent jusqu'au 12 juillet 1812, où l'établissement de M. de Pyrou leur fut assigné comme prison.

Depuis dix-huit mois environ, Armand et Jules de Polignac étaient les pensionnaires forcés de M. de Pyrou.

Or, le jour où commence ce récit, à l'heure même où M. de Pyrou recevait la visite du commissaire de police, les comtes de Polignac, réunis dans un petit salon contigu à leurs appartements, se livraient à une singulière besogne.

Devant eux, sur un guéridon, étaient éparpillés une dizaine de volumes dont ils arrachaient la reliure.

Une femme les regardait faire en souriant malicieusement.

Cette femme, jeune et belle encore, était Mme de la Ribardière, une sœur de M. de Pyrou, qui était devenue l'amie et la confidente des prisonniers.

— Il faut convenir, disait-elle, que la police est une bien belle invention, et que Bonaparte est remarquablement servi par la sienne.

Jules de Polignac leva la tête vers Mme de la Ribardière, qui s'appuyait sur la chaise où il était assis.

— Oh! fit-il ironiquement, ne disons pas de mal de la police impériale; si elle sert mal celui qui la paye, nous n'avons pas, nous, à en être mécontents.

— Ce serait injuste, ajouta Armand de Polignac. En effet, nous sommes là deux prisonniers d'Etat, deux criminels, deux misérables que l'Empereur redoute presque autant que l'Europe coalisée, et nous dépouillons tranquillement une petite correspondance qu'il paierait des centaines de mille francs.

— Oui, continua Jules, voilà une lettre

de S. M. Louis XVIII, deux du comte d'Artois, une quatrième du duc d'Angoulême, et d'autres du comte de Suzannes, gouverneur du Bas-Poitou, pour le roi, du marquis de Rivière, commandant du Berry, pour le roi toujours.....

— Et tout cela, reprit madame de la Ribardière, a innocemment franchi la frontière, subi l'inquisition des douaniers de Bonaparte, qui ne se sont seulement pas doutés que la reliure d'un livre pouvait contenir tant de choses compromettantes.

— Que voulez-vous, observa philosophiquement Armand, c'est le destin de tous les usurpateurs d'être trompés de la sorte.

— Attention! dit tout à coup Jules de Polignac. Voici, Armand, une lettre de ta femme.

— Lis.

Jules lut à haute voix ce qui suit :

« Mon bien-aimé Armand,

« Les événements ont marché. A l'heure où vous recevrez ces lignes, je serai chez le Conseiller d'Etat, chargé du premier arrondissement de la police générale, en train de solliciter des ordres favorables. L'Empire est perdu et l'Empereur fini. Il est question de vous transporter, toi et ton frère, dans une forteresse du Midi, car les armées alliées approchent à grands pas de Paris malgré la science de Napoléon et l'héroïsme de ses soldats. Fuyez dès que vous le pourrez. A tout à l'heure d'autres nouvelles.

» IDA de POLIGNAC. »

— Et bien, dit Jules, que penses-tu.

— Nos affaires ne vont pas mal, et, avant peu, nous serons délivrés par le roi, si, auparavant nous ne nous délivrons pas nous-mêmes.

— Et notre serment?

— Notre serment n'existera plus du moment où notre situation changera. Pensionnaires de M. de Pyrou, qui répond de nous et qui se repose sur notre parole donnée, nous ne pouvons rien, mais de l'instant où nous serons enlevés à sa garde, oh! alors...

— C'est vrai, répondit Armand.

II

En ce moment on frappa à la porte du salon.

— Quelqu'un... dit Jules de Polignac. Vite, faisons disparaître ces volumes abîmés et ces paquets de lettres.

— Donnez, fit madame de la Ribardière.

Jules de Polignac jeta livres et lettres dans les bras de madame de la Ribardière.

— Entrez, cria Armand dès que la jeune femme eut disparu dans une des pièces latérales.

La porte s'ouvrit et M. de Pyrou parut, suivi du commissaire et de son agent.

— Pardon, messieurs, de vous déranger, dit le propriétaire de la maison de santé, mais ces messieurs ont une mission à remplir auprès de vous...

Et M. de Pyrou s'effaça.

Le commissaire de police fit quelques pas.

— Mission pénible, dit le commissaire en tirant son écharpe qu'il ceignit aussitôt. Je suis, messieurs, commissaire de police, et, par ordre ministériel, je suis chargé de vous conduire dans une forteresse du Midi.

— Ah! mon Dieu! s'écria Jules en saisissant le bras d'Armand.

Le commissaire se méprit complètement sur le sens de cette exclamation :

— Messieurs, reprit-il, vous pouvez compter de ma part sur tous les égards compatibles avec ma mission...

Armand et Jules de Polignac s'étaient jetés dans les bras l'un de l'autre. Ils semblaient accablés par la surprise et la douleur.

— Laisse-moi faire, dit Jules bas à l'oreille de son frère.

— Je dirai comme toi, sois tranquille, répondit Armand.

Les deux frères se séparèrent.

— Quand partons-nous ? demandèrent-ils.

— Tout de suite.

— N'aurons-nous pas au moins le temps de faire un peu de toilette, de changer de vêtements ? interrogea Jules.

— Et le loisir de déjeuner ? ajouta Armand.

— Je vous l'accorderai très-volontiers, répliqua le commissaire qui était un galant homme.

— Eh bien, reprit Jules, acceptez aussi, monsieur le commissaire, de partager notre modeste repas. Nous sommes, à ce que je vois, destinés à vivre quelque temps ensemble, car le voyage que nous allons entreprendre ne s'effectuera pas sans doute en un jour, et il n'est point mauvais que nous fassions connaissance. Or, la table est pour cela un excellent terrain...

— Volontiers, fit le commissaire, qui n'eut pas même l'ombre d'une hésitation ; j'y mets cependant une condition.

— Laquelle ?

— C'est que mon agent s'asseoira à votre table... Vous comprenez, nous répondons de vous à présent, J'ai donné décharge de vos deux personnes à M. de Pyrou.

— Votre demande est trop juste, remarqua Armand.

Jules de Polignac se tourna vers M. de Pyrou.

— Excellent M. de Pyrou, dit-il, ayez donc l'obligeance de nous faire servir ici-même... et, pendant que nous allons prendre nos dispositions de départ, le déjeuner s'apprêtera.

Et Armand et Jules de Polignac, s'adressant au commissaire :

— Vous permettez, monsieur le commissaire ?

— Comment donc ! répondit celui-ci ; faites, messieurs, faites donc.

Les deux frères sortirent.

Dans une pièce voisine, ils trouvèrent Mme de la Ribardière.

— Quoi de nouveau ? demanda vivement celle-ci.

— Nous sommes libres, si vous voulez bien nous aider.

— Expliquez-moi.

Alors Jules de Polignac raconta à la jeune femme leur entretien avec le commissaire de police.

— Voyons, Madame, vous, si bonne, si charmante pour nous, nous abandonnerez-vous, ne nous aiderez-vous pas un peu ?... Songez que votre frère ne coure plus aucun risque, que le commissaire, qui lui a donné un reçu de nos personnes, est à présent seul responsable devant le gouvernement impérial.

— Que faut-il faire ? interrogea Mme de la Ribardière, émue des sollicitations de Jules.

— Oh ! presque rien.

— Et encore.

— Vous savez que les jardins donnent sur la petite rue Leclerc ; eh bien, remettez-nous la clef de la petite porte du jardin et, à l'instant, nous nous échapperons par là.

Et Jules de Polignac se mit aux pieds de Mme de la Ribardière dont il baisait les mains.

— Relevez-vous, monsieur, dit la sœur de M. de Pyrou troublée, on croirait, si on entrait, que vous me faites une déclaration.

— Et on ne se tromperait pas, répondit Jules, car je vous ai voué depuis longtemps toute mon affection et toute ma reconnaissance.

Mme de la Ribardière ne se fit pas longtemps prier.

— Voilà la clef, dit-elle ; allez, partez..., et que Dieu vous garde. Adieu.

Cependant le déjeuner était servi ; les plats refroidissaient.

Le commissaire et son agent s'impatientèrent, puis s'inquiétèrent.

Ils sonnèrent, ils appelèrent, puis ils se fâchèrent.

Mais leurs prisonniers étaient envolés, bien envolés : ni leurs cris, ni leurs recherches, ni leur colère ne les leur firent retrouver.

Maison de Polignac

Les armes de la maison de Polignac sont *fascées de gueules et d'argent, de six pièces.*

Elle a deux devises, l'une *Sacer custos pacis*, qui était celle du cardinal de Polignac, ambassadeur de Louis XIV en Pologne et à Rome, et l'autre *In antiquissimis.*

En effet, l'origine de cette famille se perd dans l'origine de notre histoire.

Quand César vint conquérir la Gaule, il dut renoncer à emporter le rocher de Polignac, et l'empereur Claude, dans un de ses voyages, se détourna de son chemin pour y adorer Apollon qui y avait un temple.

La légende donne pour ancêtres aux Polignac les grands prêtres d'Apollon.

Convertis au christianisme, ils gardèrent leur nom patronymique d'Apollinaires. On trouve parmi eux des sénateurs de Rome, des préfets du prétoire des Gaules.

Sidoine-Apollinaire, gendre de l'empereur Avitus, devint évêque de Clermont; son fils, lieutenant-général des armées d'Alaric, roi des Visigoths; son petit-fils fut la souche des anciens comtes d'Auvergne.

Le frère de Sidoine-Apollinaire, vicomte du Velay, est l'auteur de la branche des Polignac.

L'ombre se fait, et puis, tout-à-coup, trois siècles après, les Polignac reparaissent; ils sont vicomtes et évêques du Velay. Dès lors, leur filiation est aisée à suivre.

Ils dominent toute leur province: on les appelle *Reguli montium*, les Rois des Montagnes; ils battent monnaie; ils guerroyent partout, tantôt vaincus, souvent vainqueurs, toujours indomptables.

Leur histoire est une épopée.

En 1169, Louis le Jeune emmène un vicomte de Polignac prisonnier à Paris, dans son Louvre.

Entre temps, ils montaient sur les siéges épiscopaux ou mouraient aux Croisades.

En 1421, Walpurge de Polignac se trouvait seule à porter le nom de Polignac, et elle épousa Guillaume de Chalançon, qui prit le nom et les armes de Polignac.

Il avait bien qualité pour relever la famille, puisqu'il descendait lui-même d'Etienne de la Roche-Savine, fils d'Héraclius de Polignac.

Et les seigneurs de Polignac continuèrent à se battre en France, en Bretagne, en Italie, partout où il y avait à pourfendre.

C'est ainsi qu'arriva le règne de Louis XIV, qui absorba toutes les personnalités dans la sienne, et le règne de Louis XVI, et la chute de la monarchie, et la République, et l'Empire, et la Restauration, et le ministère du prince de Polignac sous Charles X.

Aujourd'hui la famille de Polignac est représentée par les enfants du prince Jules de Polignac :

1° Le prince Jules-Armand de Polignac, marié à la fille du marquis de Crillon, dont il a deux fils ;

2° Jeanne de Polignac, fille d'Alphonse et de Mlle Mirès, remariée au comte Rozan, de Marseille ;

3° Ludovic de Polignac, attaché militaire à l'ambassade française, à Berlin; lieutenant-colonel d'état-major, et pendant la guerre, aide-de-camp du général Ladmirault à l'armée du Rhin ;

4° Camille de Polignac, major-général à l'armée confédérée, sous Jefferson-Davis;

5° Edmond de Polignac, un compositeur distingué ;

6° Le marquis Georges de Polignac ;

7° Le comte de Polignac, marié à Mlle de Morando, dont il a trois fils (résidence à Kerbastic, Morbihan).

Etc., etc.

Les principales alliances des Polignac sont avec les La Fayette, les Chabannes, les La Rochefoucault, les Gramont, les Choiseul-Praslin, les Crillon, les Guiche ; il ne leur manque que de contracter mariage avec la République pour être complets.

MADEMOISELLE SPLEEN

I

Il ventait nord-ouest.

Or, quand il vente nord-ouest, il ne fait pas bon tenir le large dans la Manche, devant le Havre.

Parfois la mer s'enfle, se gonfle, monte comme si elle allait engloutir la terre et escalader le ciel.

Les vagues accourent du lointain, pressées, haletantes ; se succèdent, hautes, énormes, monstrueuses. Elles couvrent la plage de galets ; elle démolissent les épis ; elles passent par-dessus les jetées, crachant leur écume blanche jusque sur la lanterne du phare.

L'atmosphère s'obscurcit, le ciel se plombe. Les nuages s'abaissent et leur opacité grise devient presque tangible.

Par intervalles un éclair fend la nue, entr'ouvre les mystérieuses et éblouissantes profondeurs de l'infini ; puis éclate un formidable coup de tonnerre qui ébranle dans leur base les falaises élevées de la Hève et les pentes verdoyantes d'Ingouville.

Le *noroi*, comme disent les marins, le noroi fait rage.

Il souffle sans discontinuer, il souffle sans cesse, il souffle sans arrêt, à vous faire perdre haleine. Il arrache et brise les arbres ; il enlève les toits des maisons, il renverse les pals, il emporte les clôtures, et jusqu'au fond des bassins il bouscule les lourds trois-mâts et les pesants steamers.

La pluie tombe.

Alors les navires les plus solides, les équipages les plus résolus se hâtent de donner dans la passe et de chercher un abri contre la violence de la tempête, soit dans l'avant-port, soit derrière les inébranlables écluses de Notre-Dame, de la Barre ou des Transatlantiques, — car la rade du Havre est pleine de dangers.

Il y a le courant d'Antifer. Il y a le courant de la Verhaule. Il y a le banc d'Amfard. Il y a le banc du Ratier. Il y a le banc de l'Eclat, qui se trouve à quatorze cents mètres en face de la Hève, — là où s'élevait jadis Saint-Denis Chief de Caux, une ville florissante qui, vers l'an 1372, « *par fortune de mer, est cheue en icelle mer.* » Il y a les Hauts de la rade. Il y a le Haut de la petite rade. Il y a le Grand-Poulier du sud, qui s'étend devant Leure. Il y a les Perreys, vaste ceinture de galets qui commence au cap de la Hève et qui ne finit qu'à la pointe des Neiges et au Hoc.

Ce jour-là, — 2 mars 1869, — le trois-mât français de Nantes, le *Lérida*, qui arrivait de Bourbon ou de Maurice avec un plein chargement de coton, de sucre et de café, ayant manqué l'entrée du port, avait été entraîné par le flot sur le Grand-Poulier, en face des fronts sud de la Floride et s'y était abîmé à cent cinquante mètres à peine du rivage.

Armateurs, négociants, bourgeois, ouvriers du port, marins, toute la ville, à la nouvelle du sinistre, étaient accourus pour aider au sauvetage, pour se renseigner, pour voir...

Sept hommes seulement montaient le *Lérida*.

Cramponnés aux agrès du bâtiment à demi-submergé, ils attendaient anxieusement que leur sort se décidât.

Ç'avait été un spectacle imposant et terrible que la vue de ces sept hommes ballottés par les vagues, secoués par le vent, qui, n'ayant sous les pieds qu'une misérable épave, disputaient leur vie aux éléments déchaînés.

Des amarres furent lancées...

Enfin, un va-et-vient put être établi, et successivement six hommes furent arrachés à la mort.

Restait un mousse...

Il avait saisit le câble... Peu à peu il se rapprochait... Il allait échapper, lui aussi...

A ce moment, la tempête redoubla de furie.

Un immense paquet de mer s'abattit sur l'enfant et l'enveloppa.

L'amarre cassa comme un fil...

On perçut un grand cri, qui domina une seconde tous les bruits de l'ouragan, et ce fut tout...

La vague, en se retirant, ne laissa rien derrière elle.

Le pauvre petit mousse était à tout jamais disparu.

Ce drame accompli, chacun rentra chez soi ; les matelots regagnèrent les établissements du quartier Saint-François, un instant désertés, — cabarets, deutsches-gasthaus et cookhouses, — qu'ils hantent ordinairement lorsqu'ils sont à terre.

En général, ces lieux ne sont pas des mieux fréquentés.

Dans l'un d'eux, fort populaire du reste sous le nom d'*Eldorado des marsouins*, se passait une scène pittoresque et animée.

Une jeune fille, presque une enfant, frêle, mignonne, délicate à ce point qu'on ne lui aurait pas donné plus de seize ans, venait d'y entrer résolûment.

Son arrivée avait fait sensation.

A sa vue, cris, chants, danses, conversations s'étaient soudainement arrêtés, et un calfat, lançant en l'air son bonnet de laine et élevant son verre, s'était écrié :

— Mille tonnerres de Brest, c'est *mademoiselle Spleen !* A la santé de *mademoiselle Spleen !*

Tous ses camarades avaient répondu :

— Hourrah pour mademoiselle Spleen !

Dans ce capharnaüm étrange, où la grossière ivresse du brandy et des sens mêlait hommes et femmes, que venait chercher Mlle Spleen, l'enfant aux yeux si purs ?

Et encore, qu'était-ce que Mlle Spleen ?

Peu de gens au Havre n'ont pas connu cette individualité longtemps mystérieuse.

Mlle Spleen étant d'origine américaine, son établissement au Havre datait de la fin de la guerre de la sécession.

Les personnes dont la spécialité est d'être bien informées racontaient qu'elle avait fui les Etats-Unis à la suite d'une horrible tragédie.

Quoiqu'elle eût disposé de son cœur, sa famille l'avait mariée de force à un Yankee à la barbe de bouc, qu'elle abominait.

Et, la nuit même de ses noces, d'un coup de révolver, elle avait gaillardement brûlé la cervelle à son mari, devenu beaucoup trop entreprenant pour un mari imposé

Cette version méritait-elle créance ?

Faute d'autre, on s'en contentait.

Elle avait d'ailleurs un petit parfum romanesque qui séduisait.

Toujours est-il que Mlle Spleen se vêtissait exclusivement de noir.

De qui, de quoi portait-elle le deuil ?

De ses amours, vraisemblablement

Elle habitait à Sainte-Adresse, tout en haut de la falaise, seule avec une vieille négresse, un pavillon aérien d'où l'on découvrait la ville, la rade, la baie de la Seine, la côte de Grâce, le golfe du Calvados, point de vue admirable qui arracha à Casimir Delavigne ce vers dithyrambique :

Après Constantinople, il n'est rien d'aussi beau !

Elle devait savoir bien des choses, la vieille négresse qui constituait l'unique société de Mlle Spleen ; mais, par malheur pour les curieux, elle opposait à toutes les questions le mutisme d'une carpe et la discrétion d'une tombe.

Tous ceux qui avaient essayé de la faire

causer y avaient perdu leur peine et leur temps.

Quant à Mlle Spleen, elle-même, on n'avait jamais seulement tenté de l'interroger. On comprenait instinctivement que ç'aurait été en pure perte.

Cependant la jeune fille jouissait au Havre d'une popularité immense.

Quand elle se promenait sur la jetée, ou qu'à marée basse elle allait de Frascati à la Hève, tout le long des galets, les marins et les haleurs, ces braves qu'on nomme là-bas les *Zouaves de Durécus*, du nom de leur chef, se découvraient avec admiration, et elle, elle ne dédaignait pas de mettre sa main blanche dans leurs mains rudes et noires.

L'explosion d'étonnement, d'enthousiasme qu'avait déterminée l'entrée de Mlle Spleen à l'*Eldorado des marsouins* s'était peu à peu apaisée.

La jeune fille avait eu le temps de revenir de la surprise que lui avait causée l'ovation bruyante dont elle venait d'être l'objet.

Du reste, elle ne s'était pas troublée un seul instant.

D'un regard rapide elle avait parcouru la salle, cherchant parmi ces hommes un visage de connaissance, une physionomie amie.

Et l'ayant trouvé :

— Anthime, dit-elle en se dirigeant vers un grand garçon aux cheveux blonds, au visage hâlé, qui buvait *une vapeur* à l'une des tables, Anthime, je vous cherchais.

Le marin se leva.

— Si je puis vous être bon à quelque chose, disposez de moi, mademoiselle Spleen.

La jeune fille lui tendit la main.

— Ecoute, fit-elle... Il faut que ce soir je sois à Honfleur, et pour y arriver à l'heure que je désire, il n'y a qu'une voie, la mer... Te charges-tu de me trouver quatre ou cinq vaillants comme toi, à qui la tempête ne fasse pas peur et qui acceptent de me conduire, moi et mon sloop, là où je veux aller ?

Anthime regarda fixement Mlle Spleen pour voir si elle parlait sérieusement.

Hélas ! Mlle Spleen n'avait guère envie de rire.

— Par un temps pareil, répondit Anthime, les plus vieux loups de mer ne s'éloignent pas du port... Cependant, où vous irez je vous suivrai.

La jeune fille eut un triste sourire.

— Oh ! je sais bien qu'il ne fait pas beau ! dit-elle... Tout à l'heure, le *Lérida* a péri devant la Floride, et pendant que nous causons, d'autres sinistres s'accomplissent peut-être encore... Mais qu'est-ce que le péril, lorsque la cause est aussi sainte et aussi sacrée que celle qui me guide !

Mlle Spleen n'en avait jamais tant dit ; son cœur débordait. On se serra autour d'elle.

La jeune fille s'assit à demi sur le coin de la table occupée par Anthime, et sans qu'on eût besoin de l'y inviter, elle continua :

— Il y a cinq ans, jour pour jour, que j'appris à Honfleur, sur le plateau de Grâce, au milieu d'une fête, la catastrophe du corsaire confédéré l'*Alabama*, coulé devant Cherbourg à la suite de son combat avec le *Kearseage*. Or, sur l'*Alabama*, Semmes, le hardi marin, avait avec lui un bel enfant que j'adorais et à qui j'avais promis ma main, Yan' le Breton...

Mon pauvre et beau Yan', pour rester à lui j'avais, une nuit de noces, brûlé la cervelle du mari qu'on m'avait imposé, et lui, pour mes beaux yeux, il guerroyait sur cet *Alabama* qui, durant des mois, fit trembler le peuple et la marine de la fédération américaine !... Cher Yan', un boulet de canon le coupa en deux ; il eut la mer pour sépulcre, et de lui il ne me reste que le souvenir !... J'ai juré que j'irais, chaque anniversaire du jour où j'appris la lamentable nouvelle, prier pour lui aux pieds de Notre-Dame-de-Grâce, et j'irai...

Mlle Spleen pleurait presque ; tous ceux qui l'entouraient, Anthime tout le premier, partageaient son émotion.

Après une pause elle reprit :

— Oseras-tu m'accompagner, Anthime?

—Mille sabords! s'écria le brave garçon en essuyant une larme, je n'aurais pas de cœur, si je vous faisais manquer le rendez-vous que vous avez pris !

— Merci, Anthime.

Alors, Mlle Spleen tira de sa poche un petit portefeuille en cuir de Russie, qu'elle remit au marin.

— Là dedans, dit-elle, il y a dix mille francs à partager entre toi et les quatre compagnons qui voudront te suivre à bord de mon sloop... A bientôt !

Et Mlle Spleen sortit.

II

Il était deux heures après-midi.

La tempête, une de ces tempêtes comme il n'en éclate que trop souvent l'hiver, au Hâvre, mais dont les habitants de l'intérieur n'ont pas seulement l'idée, la tempête soufflait, plus furieuse encore que le matin.

Le sloop de Mlle Spleen, le *Spleen*, car la jeune fille et le bateau portaient le même nom, se présenta dans la passe, à la sortie.

Anthime avait tenu parole, et quelques minutes lui avaient suffi pour trouver au *Spleen* un équipage qui ne craignit pas de tenter l'aventure proposée par la jeune fille.

Déjà, entre les deux jetées, la mer était formidable.

Il faut avoir assisté à pareil spectacle pour s'en faire une idée.

On eût dit qu'un horrible cataclysme s'accomplissait, qu'il n'y avait plus ni ciel ni terre, que tous les éléments s'abîmaient et se confondaient l'un dans l'autre.

Il ventait ferme.

Les paquets de vent et les paquets de mer tombaient drus et serrés.

Le petit bâtiment avait mis dehors sa voile aurique et sa trinquette, et il allait de l'avant.

Il allait, étalant de son mieux devant les lames colossales qui l'assaillaient, disparaissant sous l'eau les trois quarts du temps, mais courant avec une vitesse vertigineuse; il venait de doubler le musoir de la jetée sud et de virer de bord pour faire route vers Honfleur.

Mlle Spleen était sur le pont, droite, inébranlable ; elle tenait le mât étroitement embrassé et ni coups de vent ni coups de mer ne parvenait à lui faire courber la tête.

Elle chantait d'un ton monotone ce refrain toujours le même :

> Dans son lit d'algues vertes
> Qui le réveillera ?
> Sur la rive déserte
> Dieu seul me le rendra.

Elle ne pensait qu'à Yan', elle ne voyait que Yan', tout le reste lui était indifférent ; la tempête ne pouvait l'émouvoir, elle ne songeait pas même au naufrage.

Le *Spleen* filait grand train, vent arrière ; son beaupré ne sortait presque pas de l'eau, le pont était inondé.

Anthime avait commandé de serrer tous les focs.

La voile de fortune n'avait pas été mise à l'air, ce qui n'empêcha pas la tête du mât de casser.

Mais rien n'émouvait Mlle Spleen.

— En avant ! en avant ! répétait-elle.

Et elle reprenait son refrain.

De fait, le trajet s'accomplissait extraordinairement vite.

Toutefois, le danger n'était pas mince.

Prendre la mer en semblable circonstance, c'était courir à la mort de gaieté de cœur, et quand le *Spleen* avait quitté le port, les marins de service sur la jetée avaient murmuré en secouant la tête :

— Il ne rentreront pas plus qu'ils n'arriveront ! Ils sont fous !

Le *Spleen* devait périr corps et biens, c'était dans l'ordre des choses.

Pourtant la prédiction ne se réalisa pas en plein.

A deux heures et demie, le petit bâtiment était devant la jetée de Honfleur.

Encore deux ou trois nœuds, il allait entrer dans des eaux moins tourmentées.

Mais le courant le repoussait toujours.

— Toute la toile dehors ! cria Anthime.

Le *Spleen* fit un effort gigantesque.

Il sembla qu'il allait triompher.

Ce ne fut qu'une lueur.

Le courant revint plus fort et plus terrible ; il y eut une embardée qui fit coiffer la grande voile et qui entraîna le gui sur le bord opposé ; le mât craqua et se rompit à sa base...

Mlle Spleen ne put achever son refrain :

Dans son lit.....

Sloop et équipage, tout parut s'abîmer dans une masse d'écume et d'eau...

III

Mlle Spleen avait dit qu'elle serait à Notre-Dame-de-Grâce ce jour-là

Elle avait dit vrai...

Mais elle n'y fut pas vivante.

Comme la brume tombait, un funèbre cortége s'engagea sur la route boisée qui monte à Notre-Dame-de-Grâce.

En tête marchait Anthime.

Derrière lui venaient les quatres marins qui avaient consenti à accompagner Mlle Spleen.

Eux, du moins, et c'était justice, avaient sauvé leur existence du naufrage. Les vagues les avaient roulés sur la plage.

Et ils montaient remercier Notre-Dame.

Dans leurs bras ils portaient le corps inanimé et sanglant de Mlle Spleen.

Le prêtre de la chapelle, averti, attendait

Les prières que Mlle Spleen lui avait demandées pour son fiancé, il les dit en même temps pour la jeune fille.

LA TOUR DE LA TARD AVISÉE

I

Vers la fin du mois de juillet 1873, une troupe de Bohémiens vint dételer ses chevaux en face des remparts d'Arras.

Ces nomades choisirent, pour asseoir leur camp, un emplacement magnifique que l'on rencontre en sortant de la ville par la porte Baudimont, un peu après le bureau de l'octroi, à droite de la route de Saint-Pol.

Ce lieu se nomme la *Tour de la Tard avisée.*

C'est un reste du vieil Arras, de l'antique cité que ravagèrent les Romains, les Vandales, les Herules, les Huns, les Normands, et Louis XI, pour ne rappeler que les plus fameux et les plus terribles dévastateurs qui s'abattirent sur cette contrée.

Pourquoi un endroit aussi ravissant que l'est celui-là, a-t-il reçu une appellation aussi bizarre ?

Nous l'avons inutilement demandé aux anciennes chroniques de l'Artois.

Les membres de la commission départementale des monuments, M. E. Lecesne, ancien adjoint au maire d'Arras, M. le chanoine Van Drival, dans les remarquables et consciencieux travaux qu'ils ont publiés, mentionnent la Tour de la Tard avisée, mais ne disent pas quel parrain et quel événement présiderent au baptême de cette forteresse.

Les siècles ont passé, emportant ce secret dans leur vol rapide, en même temps qu'ils abaissaient presque au niveau du sol ce vestige d'un autre âge.

Rien n'est éternel. Les monuments, comme les livres, ont leurs destins et, si solidement qu'ils soient édifiés, ils vont tôt au tard rejoindre dans le néant les hommes qui les ont construits, — heureux encore quand le bruit de leur nom survit au dispersement de leurs assises.

La Tour de la Tard avisée a eu cette chance.

Toutefois, le silence de l'histoire sur ses origines autorise toutes les suppositions, et il est permis de se demander si ce ne sont pas des triomphateurs dans l'ivresse de leur victoire ou des vaincus dans le désespoir de leur défaite qui auraient, les uns par ironie, les autres par chagrin, donné le nom sous lequel ses ruines sont encore connues, à un ouvrage formidable, mais trop tardivement construit pour changer la face des affaires.

Bien des années se sont écoulées depuis cette époque incertaine.

Aujourd'hui, une légère couche de terre végétale recouvre l'énorme massif de briques de la Tour de la Tard avisée et, sur ces débris, contemporains de César peut-être, d'Attila assurément, poussent librement, indépendamment, depuis des siècles que le cultivateur n'a rien exigé de ce coin abandonné, une herbe épaisse et de maigres buissons de roses sauvages.

Toute la poésie d'Arras repose dans ce lieu.

La capitale de l'Artois a le droit de s'enorgueillir de ses monuments, de vanter son beffroi, son hôtel-de-ville, sa Grande-Place, sa Petit-Place, dont les maisons *à pas de moineau* présentent les plus curieux modèles de l'architecture flamande, son couvent du Saint-Sacrement, sa Sainte-Chandelle légendaire reconstruite dans le couvent des Ursulines, ses Allées, la plus agréable promenade possédée par une ville de province, son *Rivage* enfin, port aujourd'hui déchu, — quoi qu'elle fasse, tous ses monuments réunis ne parleront jamais plus éloquemment à l'esprit et à l'imagination, ne transporteront la pensée plus haut et plus loin que cette Tour de la Tard avisée, silencieuse maintenant, à demi-disparue, presque ignorée.

En vain on chercherait tout autour de la ville un point de vue comparable à celui dont on jouit là.

A gauche, on voit se dérouler jusqu'à Wagnonlieu, à la rivière et au pont du Gy, la plaine immense sous laquelle dort d'un sommeil profond l'Arras des Gaulois, des Romains, des Mérovingiens et des Forestiers de Flandre.

Devant soi on a Etrun, où les Romains établirent un camp permanent dont l'enceinte est encore visible, Marœuil, et tout à fait à l'horizon, le mont Saint-Eloy qui pique si hardiment dans le ciel ses deux tours aériennes.

A droite se montrent les villages d'Anzin, de Saint-Aubin, et des moulins à vent, tandis que, au-dessus, la chaussée de Brunehaut court vers Thérouanne en opposant au regard le vaste rideau de grands arbres qui la bordent.

Derrière, c'est le nouvel Arras, bâti sur l'emplacement d'un castrum romain et d'une abbaye de Saint-Vaast, ce sont les cressonnières et les marais de Méaulens, ce sont les remparts, la citadelle, les bâtiments et le parc de la Préfecture, qui recouvrent, eux aussi, des édifices et des tombes séculaires.

A ses pieds, on découvre une prairie profondément encaissée, que coupent et rafraîchissent trois bras de la Scarpe, et l'on entend sourdre de la base même du mamelon qui supporte la Tour de la Tard avisée une fontaine limpide et glacée, dans les eaux de laquelle venait secrètement se plonger, parce qu'elle ne voulait pas d'enfants, une très-grande et très-honnête dame de ce temps-ci, comme dirait Brantôme.

Enfin, sur le coteau opposé, s'étagent, dans un pittoresque pêle-mêle, l'église, les maisons et les villas de Sainte-Catherine.

Ce paysage est empreint d'une poésie un peu vague peut-être, mais à laquelle il est impossible d'échapper. Il vous prend, vous saisit et, quoi que vous fassiez pour vous dérober, vous retient et vous ramène sans cesse à lui.

Les Bohémiens arrivaient de Lille et, en dernier lieu, de Lens.

C'est par Sainte-Catherine qu'ils atteignirent Arras.

S'établir dans la ville elle-même, ils n'y devaient pas songer. Les municipalités sont dures pour ces gens qui emportent leur patrie à la semelle de leurs bottes.

D'un autre côté, les bas-fonds de Méaulens, noyés dans les eaux, resserrés entre les remparts et les côtes de Sainte-Catherine et de Saint-Nicolas, sans air, sans perpectives, ne leur avaient plu que médiocrement.

Alors ils avaient tourné la ville, traversé Sainte-Catherine, pris le chemin de la ci-devant Croix d'Emincourt, gagné la porte Baudimont, la route de Saint-Pol et la Tour de la Tard avisée.

Le site les avait ravis.

Ces hommes, que leur humeur errante n'a jamais pu fixer nulle part, aiment les vastes horizons. Dès qu'ils eurent trouvé une position en rapport avec leurs goûts, ils s'arrêtèrent et installèrent leur campement.

L'arrivée de cette tribue provoqua dans Arras une vive sensation, presque de l'agitation.

La vie mystérieuse des Bohémiens a toujours excité l'intérêt du public qui, quelque nombreuses que soient les industries qu'ils exercent ostensiblement, a de tout temps recherché s'ils n'accomplissaient pas une mission plus haute.

Mais, dans l'espèce, la curiosité se doublait d'une autre cause.

On se rappelait que trois ans auparavant, une autre troupe de Bohémiens était venue dresser ses tentes au même endroit et que leur séjour avait été abrégé par un drame sur lequel la lumière n'avait jamais brillé complètement.

Une nuit, ces Bohémiens avaient décampé précipitamment et, le matin suivant, au point du jour, un jeune homme appartenant à une des familles les plus considérables d'Arras et nommé Jean Adinfer était ramassé, le côté percé d'un coup de couteau, au pied de la Tour de la Tard avisée. Il avait roulé du haut en bas de l'escarpement et c'était même miracle que dans sa chute, il ne fût pas tombé dans la rivière, où il se serait infailliblement noyé.

Le blessé avait été ramené chez lui et la police, avertie, voulut prendre l'affaire en main, soupçonnant les Bohémiens d'être les auteurs de ce coup de couteau, ainsi que leur fuite le donnait à penser.

Jean Adinfer ne fit aucune difficulté pour reconnaître que c'étaient bien les Bohémiens qui l'avaient frappé; mais quand on voulut en savoir plus long et connaître les circonstances dans lesquelles il était devenu la victime de ces dangereux étrangers, il déclara qu'il ne dirait rien de plus, qu'il n'était pas maître de révéler le secret qu'on lui demandait et que sa divulgation entraînerait certainement plus de mal que de bien pour lui et pour d'autres...

Quels étaient ces autres?

Jean Adinfer refusa également de les désigner...

Seulement il pria qu'on ne poursuivît pas les Bohémiens et ceux-ci, qu'on s'apprêtait à traquer vigoureusement, purent, grâce au vœu du jeune homme, s'éloigner sans encombre.

Cette aventure remua au dernier point la ville d'Arras, et si le jeune homme réussit à préserver les Bohémiens des complications qui les menaçaient, il ne put pas empêcher de causer et de soutenir qu'il y avait au fond de cette affaire toute une mystérieuse histoire d'amour.

Jean Adinfer avait laissé dire.

Puis on s'était lassé de parler toujours de la même chose sans qu'aucun aliment nouveau fût venu rajeunir la conversation, puis la guerre avait apporté d'autres préoccupations.

Mais ces souvenirs n'étaient qu'endormis.

A deux ans de distance, l'arrivée d'une nouvelle troupe de Bohémiens les avait réveillés aussi frais, aussi nets qu'au premier jour.

Il y eut même des gens qui affirmèrent que les Bohémiens qui venaient de prendre possession de la Tour de la Tard avisée étaient les mêmes que les Bohémiens sous le couteau desquels Jean Adinfer était tombé au mois de juillet 1870.

Jean Adinfer, questionné à ce sujet, avait répondu simplement :

— Les Bohémiens sont arrivés ce matin, je ne les ai pas vus et je ne les verrai pas... Je ne sais ni ne veux savoir si ce sont les mêmes...

Ces paroles étaient empreintes du plus pur accent de vérité; seulement, en les prononçant, Jean Adinfer avait pâli.

En raison de ce mauvais précédent, les Bohémiens furent accueillis par les gens d'Arras, avec une grande méfiance.

Tout le monde, néanmoins, voulut les voir et, bien qu'ils fussent arrivés assez tard dans la matinée, une foule énorme stationna depuis midi aux abords du campement.

Ces races errantes excellent à donner à leurs installations un aspect pittoresque dont elles semblent seules posséder l'instinct ou le génie.

La tribu se composait de cinquante personnes.

Elle menait avec elle une douzaine de chevaux et un nombre égal de chiens.

Six voitures renfermaient le bagage.

Les chevaux, tous bêtes de race, avaient été dételés et paissaient en liberté sur les larges parapets de la tour et sur les rampes à pic qui dominent la Scarpe.

Au milieu d'un demi-sommeil, les chiens, le nez allongé sur leurs pattes, veillaient à la fortune de leurs maîtres.

La Tour de la Tard avisée a la configuration d'un demi-cercle dont la route de Saint-Pol représente la corde. Au centre existe une dépression du sol, abrité du vent par l'épais revêtement de terre gazonnée qui surcharge le massif de briques.

Dans cette enceinte, les Bohémiens dressèrent six tentes.

Les voitures, rangées bout à bout, parallèlement à la route, isolèrent la tribu des nombreux curieux accourus d'Arras et des faubourgs.

Toutefois, un passage avait été ménagé dans cette clôture improvisée, entre deux chariots, et, à l'entrée, se tenait accroupi, comme une figure hiéroglyphique, un jeune garçon de quatorze à quinze ans, aux longs cheveux noirs, au teint bruni, aux traits délicats.

Il avait auprès de lui un vaste plat de cuivre rempli de gros sous, et tous ceux qui voulaient pénétrer dans l'enceinte ajoutaient dix centimes à la recette déjà encaissée par l'enfant.

II

La journée était avancée et le soleil descendait rapidement à l'Occident.

Le beffroi d'Arras lança dans l'espace les sonores tintements de quatre heures du soir.

En ce moment, deux femmes sortirent de la porte Baudimont et se dirigèrent vers la Tour de la Tard avisée.

L'une rayonnait de jeunesse, de beauté, de grâce et de bonheur.

L'autre était courbée par les années.

— Vous avez tort, Geneviève, disait la plus âgée, qui paraissait remplir auprès de la première les fonctions d'une gouvernante, vous avez tort de vous obstiner à rendre visite à ces Bohémiens... Ne savez-vous pas ce qu'on dit d'eux ?

— Que dit-on, ma bonne Marianne, demanda affectueusement la jeune fille?

— Que ce sont les mêmes qui ont voulu il y a trois ans, assassiner M. Jean Adinfer !

A ces mots, le front si pur et si clair de la jeune fille se rembrunit.

— Eh bien, répondit-elle avec un mouvement d'impatience, ne comprends-tu pas que c'est une raison de plus pour que je les voie?...

— Moi, j'appréhende un malheur... fit la vieille gouvernante en proie à un instinctif sentiment d'effroi.

— Tu as peur sans raison, Marianne...

— Et puis, reprit Marianne, je crains aussi que M. de Floodevacque, votre père, ne soit mécontent que je n'aie pas résisté avec plus de fermeté à votre désir.

Geneviève sourit.

— Mon père fâché que tu aies cédé à un de mes caprices !... s'écria la jeune fille. Tu ne le connais plus, Marianne.

—C'est vrai, pourtant, murmura la vieille gouvernante. Depuis que votre pauvre mère n'est plus, il n'a eu qu'une volonté, — la vôtre, Geneviève...

— Tu vois donc bien, Marianne...

Après un moment de silence, Mlle de Floodevacque reprit :

— Les filles de cés Bohémiens ont la réputation d'être d'une beauté sans égale...

— On raconte tant de sottises...

Et la vieille Marianne ajouta en manière de développement :

— Comment voulez-vous, Geneviève, que ces gens qui ne croient ni à Dieu ni à diable, qui ont plus de méfaits sur la conscience que je ne dis de chapelets dans l'année, comment voulez-vous que ces gens-là aient des enfants aussi beaux que ceux des chrétiens !

Geneviève sourit encore et secoua la tête.

— Nous allons bien voir, dit-elle.

Et comme elle atteignait la porte du campement, elle laissa tomber une pièce d'argent dans le plat de cuivre et entra en disant :

— Viens-tu, Marianne?

— Pourvu, soupira celle-ci, que nous ne nous damnions pas !... Si j'étais le gouvernement, ces démons-là ne pénétreraient jamais dans notre pays...

Et la vieille Marianne eut la précaution de faire vivement un signe de croix.

Mlle de Floodevacque ne connaissait les Bohémiens que par les récits qu'elle avait entendu débiter sur eux. Or, tout ce qu'on en dit et tout ce qu'on en écrit, est, la plupart du temps, mêlé de bien des erreurs.

Elle s'imaginait donc un tout autre spectacle que celui dont ses yeux furent frappés.

Son attente fut déçue. Pourtant ce fut loin d'être une désillusion qu'elle éprouva.

Jugeant d'après les idées de la société à laquelle elle appartenait, elle croyait avoir à étudier une nouvelle variété de gueux, après toutes celles qu'elle connaissait déjà.

Au contraire, elle se trouva en présence d'une race inconnue, ayant un type superbe, une allure originale et dont la vitalité prouve surabondamment que, loin d'être inférieure ou dégénérée, elle n'attend que le jour et l'heure marqués par les destins pour son expansion et son avènement.

La surprise de la jeune fille fut vive de ne reconnaître non plus ni les haillons, ni la saleté, ni la misère dont on a fait les attributs proverbiaux des Bohémiens.

Les hommes avaient de grosses vestes de drap ornées de boutons en argent repercé, des pantalons de même étoffe, de larges chapeaux de feutre et des bottes molles d'un cuir épais et souple tout à la fois. Une ceinture bigarrée serrait leur taille.

Comme la tribu avait voyagé une partie de la nuit pour atteindre Arras au jour, ils se reposaient des fatigues de la route, assis à l'ombre des tentes Tout en luttant contre la somnolence qui les envahissait insensiblement, ils fumaient de grosses pipes à garniture d'argent et leurs yeux appesantis ne suivaient que confusément les spirales bleuâtres de la fumée du tabac.

Les femmes étaient drapées dans des robes aux couleurs vives et l'or et l'argent se mêlaient aux nattes de leurs cheveux et aux ornements de leur corsage et de leur ceinture.

Elles dormaient, étendues sur des couvertures dans des poses d'odalisques, le sein découvert pour allaiter les nourrissons qui roulaient pêle-mêle autour d'elles.

Ainsi que c'est la coutume au pays de Bohême, les enfants étaient complètement nus ou vêtus seulement d'une courte chemise fendue du haut en bas.

Du reste, la tribu témoignait la plus complète indifférence pour ses visiteurs qui allaient et venaient à leur guise dans l'intérieur du campement sans que personne prît garde à eux.

Mademoiselle de Floodevacque était en admiration.

La scène muette qu'elle contemplait, la transportait.

Il y avait surtout une jeune Bohémienne dont elle ne pouvait détourner son regard.

Celle-ci était couchée à l'écart, enveloppée toute entière dans son épaisse chevelure d'ébène, les deux bras relevés sous sa tête, la poitrine en saillie vigoureuse, les jambes ramenées sous elle.

Ses pieds nus dépassaient le bas de sa robe, et, entre ses paupières presque closes, à travers le rideau de ses longs cils de jais, filtrait, doucement alangui et rêveur, le rayonnement de deux yeux égarés dans la région des songes.

Plus riche que celle d'aucune de ses compagnes, sa parure égalait une fortune.

Sa ceinture était agrafée par une pièce d'or de cent francs.

Trois coliers, l'un en pièces d'or de dix francs, l'autre en pièces de vingt francs et le dernier en pièces de quarante francs, tournaient autour de son cou.

Un cordon de pièces de cinq francs en

or dégageait son front à la façon d'une ferronnière, en tenant ses cheveux relevés.

— Vois donc, Marianne, dit à voix basse à la vieille gouvernante Geneviève de Floodevacque, quel adorable visage !... Il y a bien des chrétiennes, quoique tu en dises, qui se contenteraient de cette beauté-là.

La vieille gouvernante n'était pas venue pour s'extasier.

— Vous êtes indulgente, répliqua-t-elle avec ironie.

— Si tu étais plus jeune, fit Geneviève, je dirais, Marianne, que tu es jalouse.

Réellement la jeune Bohémienne résumait dans ses traits tous les charmes qui font des filles de sa race, quand elles se mettent à être belles, les plus énivrantes créatures de la terre.

Geneviève était fascinée.

Une attraction magnétique dont elle ne se rendait pas compte l'attirait irrésistiblement vers la jeune Bohémienne.

C'était une sympathie soudaine qui l'envahissait avec une rapidité lui interdisant tout raisonnement, avec un absolutisme paralysant toute résistance.

Elle avait bien voulu, d'abord, se débattre contre cette étrange prise de possession d'elle-même ; elle avait appelé à son aide le souvenir de Jean Adinfer, roulant des hauteurs de la Tour de la Tard avisée avec un couteau bohémien dans le flanc ; elle s'était dit que ces Bohémiens pouvaient être, ainsi qu'on le soupçonnait généralement, les mêmes entre les mains de qui le jeune homme avait autrefois failli laisser son existence.

Ce flot de pensées, soulevé comme une défense et au sein duquel elle comptait se réfugier, refusa de répondre à son évocation.

Le sentiment nouveau sous l'étreinte duquel elle se tordait, ne lui laissait ni le temps ni la possibilité de le discuter. Elle le subissait, incapable de rien autre chose, et, au milieu de l'ardente volupté dont il remplissait son âme, au milieu des battements précipités qu'il communiquait à son cœur, elle murmurait dans un élan d'aspiration infinie et d'amer regret :

— Que ne l'ai-je pour sœur !...

De son côté, sans qu'il y parut, la jeune Bohémienne considérait Geneviève avec une attention profonde.

Elle mettait une persistance jalouse à ne laisser échapper aucun des mouvements de la jeune fille, et son regard, qu'elle voilait à dessein, enveloppait Mlle de Floodevacque d'effluves brûlantes dans lesquelles elle lui renvoyait toute l'admiration que celle-ci lui témoignait.

Ce phénomène singulier, qui poussait l'une vers l'autre ces deux enfants jeunes et belles, échappait absolument à Marianne.

La vieille gouvernante n'éprouvait rien d'inaccoutumé.

Il lui tardait seulement d'être dehors, et si son esprit ressentait quelque trouble, la peur seule le causait.

— Geneviève, dit-elle, en prenant le bras de Mlle de Floodevacque, il me semble que vous en avez assez vu... Nous pouvons partir...

Et elle entraîna la jeune fille.

Geneviève suivit la vieille gouvernante.

Cependant Mlle de Floodevacque ne s'éloignait pas sans effort.

Son regard restait fixé sur la Bohémienne...

Mais quelle raison avait-elle à invoquer pour demeurer plus longtemps ?

La Bohémienne, comme si elle eût obéi à la même impulsion, s'était soulevée sur son coude.

— Dieu merci, dit Marianne, nous allons sortir de cette antichambre de l'enfer.

Geneviève soupira.

Mais la vieille gouvernante, qui se sentait toute légère à la pensée de s'éloigner de la Tour de la Tard avisée et de ses hôtes, accéléra le pas.

Elle se croyait délivrée et elle éclatait de satisfaction.

Une voix gutturale la cloua sur place.

— Gitana, dit la voix dans un excellent français et d'un ton de commandement qui n'admettait pas de réplique, ne diras-tu pas la bonne aventure à Mlle de Floodevacque ?...

En même temps un Bohémien de haute taille s'avança vers Geneviève et vers Marianne.

Cet homme avait une soixantaine d'années, mais son visage conservait une élégance de lignes, son œil un éclat, ses membres une vigueur attestant que la vieillesse n'était pas encore venue chez lui.

Il s'appuyait sur une haute canne, terminée par un fer de hache, telle que les magnats hongrois en portent encore. Les boutons d'argent de sa veste, artistement travaillés, avaient la grosseur d'un œuf.

Evidemment, c'était le chef de la tribu et, à défaut de sa canne, insigne du pouvoir absolu, son grand air l'aurait donné à penser.

Geneviève de Floodevacque s'arrêta.

— Comment, monsieur, vous connaissez mon nom, dit-elle...

Le Bohémien souleva le chapeau qui abritait sa tête énergique et, montrant ses dents aiguës dans un sourire énigmatique :

— Nous sommes peut-être privés de biens nombreux, répondit-il, mais, en revanche, nous savons beaucoup de choses...

Ce sourire, l'éclat de ces yeux, glacèrent la vieille gouvernante.

Le Bohémien lui apparut comme un envoyé de Satan.

— La bonne aventure, fit-elle vivement en essayant de dompter la terreur qui s'emparait d'elle, la bonne aventure... Dieu nous en garde !

Et, dans l'espoir que la vision infernale allait s'évanouir, elle récita mentalement une prière en fixant le Bohémien.

— Allez, ma bonne dame, ricana celui-ci de cet accent qui faisait trembler Marianne, on ne meurt pas pour cela.

Et, sous son regard sardonique, Marianne dut baisser les yeux.

La vieille gouvernante était vaincue.

Dans les dispositions où elle se trouvait, Mlle de Floodevacque ne pouvait manquer de saisir le prétexte qui se présentait de prolonger sa visite chez les Bohémiens.

— Attends-donc, Marianne, reprit-elle, mademoiselle va nous dire notre bonne aventure.

Marianne eut encore la force de protester :

— Je ne veux rien savoir, dit-elle... Retirons-nous.

Mais Geneviève n'écoutait plus sa vieille gouvernante.

— Eh bien, moi, je suis curieuse, répartit-elle...

A la voix du chef de sa tribu, la jeune Bohémienne avait bondi sur ses pieds en disant :

— Je suis prête.

Et, repoussant ses longs cheveux sur son dos et sur ses épaules, d'un geste qui fit bruire dans une harmonie métallique et scintiller dans un fauve ruissellement l'or chargeant sa tête et son col, Gitana s'approcha de Geneviève.

— N'avez-vous pas peur ? demanda la Bohémienne.

— Comment aurait-on peur auprès de vous, dit Geneviève.

Gitana continua :

— C'est que ce sont quelquefois de redoutables choses que celles qui sont écrites dans le creux de la main.

Geneviève écoutait avec ravissement la musique que faisait la voix de la jeune Bohémienne.

— Que voulez-vous savoir ? interrogea Gitana.

— Mon sort est désormais fixé, murmura Mlle de Floodevacque. Ce soir ont lieu mes fiançailles et dans huit jours mon mariage... Que pourrais-je apprendre qui m'intéresse ? ..

Gitana avait pris la main de Geneviève,

et, au contact de leurs deux chairs, les deux jeunes filles avaient frissonné.

— Vous pourriez apprendre, fit lentement la Bohémienne, que l'espérance est trompeuse, que le bonheur est un mirage dont les courts instants se paient par une existence de souffrances...

Geneviève attacha un regard anxieux sur la Bohémienne.

— Sont-ce les voiles qui cachent ma destinée, que vous déchirez-là ? demanda Mlle de Floodevacque avec angoisse.

— Attendez...

Et Gitana se pencha davantage sur la main de la jeune fille.

— Votre amour, reprit la Bohémienne avec effort, croît dans du sang et fleurit dans la mort...

Geneviève poussa un cri et voulut retirer sa main.

— Non, pas encore, murmura Gitana sous le coup d'une curiosité fiévreuse. Laissez-moi voir.... Mon existence est mêlée à la vôtre... C'est étrange...

— Qu'apercevez-vous, demanda Mlle de Floodevacque, haletante d'émotion. Oh, parlez, je vous en prie !

Gitana reprit :

— Je voudrais bien vous consoler... Mais je ne puis plus lire... Il en est ainsi chaque fois qu'il s'agit de moi .. Les deux lignes de votre vie et de la mienne se mêlent, s'enchevêtrent, se confondent, puis, au bout, une tombe... Pour qui de nous deux s'ouvre-t-elle ? Mystère... A moins qu'elle ne doive se refermer sur nous deux !

Gitana laissa tomber la main de Geneviève.

Mlle de Floodevacque était bouleversée. Elle avait été frappée au cœur et la commotion l'anéantissait.

— Et vous ne vous trompez jamais ? demanda-t-elle, tout en souhaitant qu'une parole de doute vînt atténuer le caractère d'infaillibilité qu'elle était disposée à accorder aux prédictions de la Bohémienne.

Gitana hocha tristement la tête.

— Parfois, répliqua-t-elle, l'avenir devient impénétrable à ma vue, comme cela est arrivé tout à l'heure ; mais jamais je ne me trompe...

Geneviève appuya sa main sur ses yeux humides.

Gitana considéra longtemps Mlle de Floodevacque qui pleurait silencieusement.

On eût dit qu'un combat intérieur se livrait chez la jeune Bohémienne.

A la fin, après une seconde d'hésitation, elle prit les deux mains de Geneviève, les écarta doucement et, découvrant le visage de la jeune fille, essuya dans deux baisers les larmes qui le baignaient.

— Maintenant nous sommes sœurs, murmura-t-elle, comptez sur moi... Nous nous reverrons et je veillerai sur vous...

Cette scène avait produit sur Marianne elle-même une impression profonde.

— Partons, dit-elle d'une voie émue.

Geneviève, cette fois, ne fit aucune résistance.

Seulement, retirant une bague montée d'une turquoise, elle la passa au doigt de Gitana, en lui disant d'un indéfinisable accent :

— Conservez-la en souvenir de moi...

Puis elle suivit la vieille gouvernante en évitant même de se retourner.

III

Gitana accompagna d'un regard douloureux Mlle de Floodevacque qui s'en allait ; puis, quand elle eut disparu, elle s'abîma dans la contemplation de la bague que Geneviève lui avait laissée.

— Qu'elle est, songeait-elle, celle de nous deux que la mort a touché de son doigt ?... Elle... ou moi ?... Ou toutes deux ensemble ?...

Ce terrible problème absorbait Gitana.

— Au moins, reprit-elle bientôt, l'incertitude ne sera pas longue... Que ce soit Geneviève, que ce soit moi, que ce soit l'une et l'autre à la fois, le coup encore suspendu dans l'air ne peut tarder à éclater...

Et, levant les yeux, Gitana aperçut devant elle, le Bohémien qui l'avait invitée à chercher l'avenir dans la main de Geneviève de Floodevacque.

— Que voulez-vous, Bagdaï ? demanda la jeune fille.

— Eh ! Gitana, fit le bohémien, comme je te retrouve sombre et préoccupée !... A en croire ton air, à en juger par l'accablement et le trouble de Mlle de Floodevacque, tu as dû prononcer de bien lugubres arrêts... Au contraire, à ne considérer que la magnifique récompense qui brille à ton doigt, il semblerait que tu n'as eu à répéter que des présages enchanteurs. Parle... Qu'as-tu vu dans cette main que tu viens d'étudier ?...

— Que vous importe, Bagdaï !

— Je veux savoir.

— Est-ce que vous avez l'habitude de vous inquiéter des prédictions que je fais ?

— Rarement...

Et le Bohémien ajouta.

— A moins que je ne m'intéresse à ceux qu'elles concernent.

Gitana regarda fixement Bagdaï.

— Que voulez-vous dire ? interrogea-t-elle. A votre tour, expliquez-vous, si vous voulez que je vous réponde... D'où vient l'intérêt que vous portez à mademoiselle de Floodevacque ?...

Bagdaï prit un air moqueur.

— C'est, dit-il, que mademoiselle de Floodevacque est la fiancée de Jean Adiufer...

Gitana comprima une exclamation sourde.

— Geneviève de Floodevacque !... interrompit la jeune fille. Geneviève de Floodevacque qui m'a offert cette bague !... Geneviève de Floodevacque dont je tenais tout à l'heure la main dans les miennes !... Geneviève de Floodevacque dont ma bouche a bu les larmes !...

Bagdaï poursuivit :

— C'est que, dans huit jours, mademoiselle de Floodevacque dont tu portes l'anneau, mademoiselle de Floodevacque dont tu as pressé les mains, mademoiselle de Floodevacque dont les pleurs mouillent encore tes lèvres, sera la femme de Jean Adiufer...

— Dites-vous vrai ?... s'écria Gitana.

— C'est pourquoi, continua Bagdaï, j'ai changé notre route, j'ai retardé notre marche, je suis venu dresser nos tentes à Arras, — quelque danger que nous courrions d'y être reconnus, — voulant que Gitana la Bohémienne assistât aux noces de son amant Jean Adiufer, avec la belle demoiselle de Floodevacque qu'il adore !...

— Vous êtes cruel, Bagdaï ! murmura la jeune fille accablée par cette ironie froide.

— Suis-je seulement juste !... fit le Bohémien. Et qu'est-ce que le mal que je te cause en comparaison de tes dédains !...

Gitana ne jugea pas à propos de relever ces mots.

— Et maintenant, reprit Bagdaï, consentiras-tu à me donner l'explication des signes dont la présence dans la main de mademoiselle de Floodevacque vous ont plongés, toi dans une tristesse si noire, elle dans une désolation si vraie ?

— Pourquoi vous le refuserais-je ? dit Gitana. Cette main, d'ailleurs, ne m'a pas révélé autre chose que ce que j'ai déjà vu dans la main de tous ceux dont l'existence est liée à la mienne, dans votre main à vous-même, Bagdaï... c'est-à-dire des signes de mort !...

Badgaï devint rêveur.

— Ah ! vous voulez savoir ! poursuivit Gitana qui s'animait graduellement. Et que pensiez-vous donc que j'y découvrirais dans cette main, sinon toujours la même menace... J'ai appris que la mort, autrefois indécise sur les existences qu'elle trancherait, a commencé son choix... Il lui faut des victimes à cette avide !...

Bagdaï réprima un mouvement d'humeur.

— Tu vois la mort partout, dit-il.

— C'est qu'elle est partout autour de nous, répliqua Gitana. Elle est dans votre amour fatal qui a déjà tué quatre femmes, qui me poursuit aussi et qui me tuera de même, peut-être... Elle est sur nous, guettant incessamment ses proies, réclamant son bien... Vous ne voulez pas la voir, vous; mais, elle, elle vous regarde, et ses grands yeux caves vous attirent, et sa bouche vide vous appelle !... Elle est sur moi, elle est sur Geneviève de Floodevacque, elle est enfin sur Jean Adinfer lui-même,—et c'est là votre joie, sans doute!... Qui sait, pourtant, si au lieu de faire un choix, elle ne prendra indistinctement Jean Adinfer, Geneviève de Floodevacque, Gitana la Bohémienne et Bagdaï lui-même ?

Le Bohémien frissonna.

Maintes fois il avait eu l'occasion de s'assurer avec quelle habileté Gitana lisait l'avenir dans les lignes de la main et un vague sentiment d'inquiétude l'envahissait.

Il essaya néanmoins de réagir contre ses propres croyances et contre la foi vive qu'inspirait à tous la science de la jeune Bohémienne.

— Ce sont continuellement, dit-il, les mêmes pronostics indécis, les mêmes prévisions sinistres... Décidément, Gitana, je crois que l'amour malheureux que tu as voué au fiancé de Geneviève de Floodevacque, nuit à la sincérité de tes oracles!..

— Si telle est votre persuasion, répliqua Gitana d'un accent moqueur, vous ne tarderez pas à être détrompé.

— Et, ajouta Bagdaï qui affecta de ne pas prendre garde à la signification redoutable de cet avertissement, tu aurais mieux fait d'aimer au pays de Bohême et de ne pas repousser les cœurs bohémiens qui ne demandaient qu'à se donner à toi...

— C'est de vous sans doute que vous voulez parler, Bagdaï ?... interrompit la jeune fille.

— Tu pouvais, continua le Bohémien, être la reine de la tribu, commander en souveraine...

Gitana eut un sourire navré.

— Quatre femmes, dit-elle, ont, avant moi, cédé à cette tentation et partagé votre couche... Où sont-elles, Bagdaï ?...

— Nul de nous, fit Bagdaï, n'a la puissance d'allonger les jours que Dieu lui a donné à vivre...

— Elles sont mortes !... reprit Gitana en s'attendrissant Toutes quatre étaient mes sœurs... De toute cette famille nombreuse, il ne reste plus qu'une enfant de seize ans, — et c'est à cette enfant, c'est à moi que vous proposez, Bagdaï, le destin de ses aînées !

Bagdaï courba le front, dominé, ému à son tour.

— Les ai-je donc tuées ? dit-il avec amertume.

— Non, répliqua Gitana, non Bagdaï. Vous les avez bien aimées... Cependant elles nous ont quittés, les unes après les autres, la première au bout de dix ans d'existence avec vous, la seconde au bout de cinq ans, la troisième au bout de deux ans... Il n'a pas fallu plus d'une année pour que la quatrième allât les rejoindre... N'est-ce pas une proportion épouvantable que celle de ces morts de plus en plus rapides !

— C'est la vie, murmura Bagdaï. Les uns partent de bonne heure, les autres s'attardent. Nous n'y pouvons rien.

— Enfin, conclut Gitana, tandis qu'elles s'éteignaient une à une, mystérieusement, dans tout l'éclat de leur beauté, dans toute la force de leur jeunesse, vous, Bagdaï, vous croissiez en vigueur, et la vieillesse semblait s'éloigner de vous comme si toutes ces existences moissonnées à leur aurore eussent ravivé la vôtre !

— Voilà de singulières idées, observa le Bohémien.

Gitana reprit :

— Eh bien, malgré le sort si lugubre de mes sœurs, malgré tant de pressentiments funestes accumulés pour me détourner d'une semblable résolution, malgré la passion même que j'ai vouée à Jean Adinfer, peut-être qu'un jour, dans des circonstances pareilles à celles qui ont déjà commencé à se produire, par colère d'avoir été oubliée, par hésitation à briser une existence telle que celle de Geneviève de Floodevacque, par repentir de vous avoir méconnu, Badgaï, j'aurais cédé à votre amour...

—Et ce jour? demanda vivement Bagdaï.

— Ce jour, déclara Gitana, le couteau avec lequel vous avez percé le corps de Jean Adinfer, l'a rayé à jamais du présent et de l'avenir !

A cet arrêt qui brisait toutes les espérances qu'il avait pu un moment concevoir, Bagdaï frappa violemment le sol de sa botte.

— Mais lui, dit-il, lui, il t'oublie.

— Peut-être, soupira Gitana.

— Tout le crie autour de toi !... Mes paroles, les aveux de Mlle de Floodevacque...

— Est-ce que rien de tout cela peut m'empêcher de l'aimer toujours !...

— C'est de la démence !

— Que voulez-vous, Bagdaï, le cœur n'obéit pas, il commande... et mon cœur est à lui.

— Mais quelle preuve faut-il donc, s'écria Bagdaï, pour étouffer cet amour ?... Viens. .

Et le Bohémien, prenant Gitana par la main, la conduisit sur les parapets de la Tour de la Tard Avisée.

Le crépuscule commençait à s'estomper dans l'espace en teintes grisâtres.

— Vois-tu, dit Bagdaï, en face de nous, sur le penchant de la côte Sainte-Catherine, cette villa gracieuse dont les jardins descendent jusqu'à la Scarpe...

— Eh bien ? fit Gitana.

— C'est la maison de campagne du comte de Floodevacque.

— Que de choses vous avez apprises depuis si peu de temps que nous sommes arrivés !...

— Regarde, dans l'ombre qui gagne, les bougies qui s'allument, les lumières qui scintillent... Ecoute bruire jusqu'ici, par-dessus la vallée, les vaisselles et les cristaux qui se choquent, les rires des invités...

— Après ?

— Ne devines-tu pas ?

— Où voulez-vous en venir ?

— Ce sont les apprêts de la fête de fiançailles de Geneviève de Floodevacque et de Jean Adinfer.

Gitana fixa son regard ardent dans la direction que lui indiquait Bagdaï.

— Il est là !... soupira-t-elle.

— Auprès de Geneviève, ajouta Bagdaï.

— Oh que je souffre !... balbutia Gitana.

Et, en même temps qu'elle laissait échapper ce premier aveu des tortures qu'elle endurait, la jeune fille s'assit, oppressée, sur le gazon.

Bagdaï avait piqué sa longue canne en terre et, appuyé sur le fer, il attendait qu'un peu d'apaisement se fît dans l'âme ulcérée de Gitana.

Dix minutes d'un silence lourd et pénible s'écoulèrent de la sorte.

Gitana tenait ses yeux obstinément arrêtés sur la côte Sainte-Catherine.

Elle aurait voulu renfermer sa douleur en elle, mais c'était inutilement qu'elle faisait des efforts surhumains pour étouffer les sanglots qui lui déchiraient la gorge.

Bagdaï considérait Gitana.

Le Bohémien reprit enfin d'une voix grave, émue et vibrante :

— Je t'ai fait bien du mal, Gitana, mais je n'en ressens pas moins que toi.

— Je le sais, dit Gitana ; c'est pourquoi je vous pardonne.

Badgaï regardait à ses pieds avec embarras et, de sa canne, il battait le cuir de ses bottes

— C'est bien vrai ce que tu disais, Gitana, commença-t-il, le cœur est un tyran auquel il faut obéir en esclave...

Gitana ne répondit pas.

— Quand je devrais te maudire, continua Badgaï, je ne trouve en moi d'énergie que pour t'adorer... Si tu voulais, le souvenir de tes mépris passés s'effacerait bien vite de ma mémoire au feu d'une passion que tu ne repousserais plus.

La jeune fille continuait de se taire.

— Et il ne tiendrait qu'à toi, Gitana, poursuivit Bagdaï, de prendre à la tête de la tribu le rang qui t'est destiné depuis si longtemps... Plus d'une ambitionne cet honneur et cette fortune.

Gitana soupira :

— Hélas, dit-elle, ce ne sera pas de ma part que leur viendront les obstacles .. En vérité, Bagdaï, vous parlez d'oubli comme si le souvenir était une chose sur laquelle on souffle et qui s'évanouit. Je me rappellerai toujours Jean Adinfer, je le verrai toujours sanglant, inanimé, à mes pieds à moi qui voulait le défendre, aux vôtres à vous qui le frappiez...

Un éclair farouche traversa la prunelle de Bagdaï.

— Tu te repais de chimères irréalisables fit-il en tordant de rage l'épaisse barbe noire et luisante qui lui couvrait la figure, Jamais tu ne seras à un étranger, jamais tu ne seras à Jean Adinfer. Retiens ceci : Jean Adinfer est mort pour toi. Et si son mariage avec Mlle de Floodevacque n'élevait pas entre vous deux une barrière infranchissable, il y aurait encore ma volonté, — et elle suffirait à vous séparer !

Le Bohémien avait proféré ces mots d'un ton saccadé qui dénotait l'agitation de son esprit.

— Vous êtes le maître, répliqua Gitana, mais, si étendue que soit la puissance dont vous disposez, jamais elle ne pourra me contraindre à devenir votre femme.

Et Gitana, afin de dérober à Bagdaï ses sanglots, appuya son front sur ses genoux et cacha sa tête dans les plis de sa robe.

Les prunelles de Bagdaï s'incendièrent de lueurs fauves ; pourtant, si terrible que fut sa colère, il s'éloigna sans la manifester autrement qu'en fouettant de sa canne les hautes herbes qui lui montaient jusqu'aux genoux.

IV

Arras, en dépit de son rang de préfecture, en dépit des efforts d'un administrateur habile et dévoué, M. E. Deusy, pour la remettre sur la voie de sa splendeur d'autrefois, Arras est une petite ville.

Tout s'y sait, et le moindre fait, comme partout où les distractions sont rares, y prend les proportions d'un événement.

Or, ce jour-là, Arras avait été particulièrement favorisée.

On avait eu deux grosses affaires à commenter, — l'installation des Bohémiens à la Tour de la Tard avisée et le bruit des fiançailles de Geneviève de Floodevacque et de Jean Adinfer, — répandu depuis le matin.

Cette dernière nouvelle surtout faisait sensation.

Les raisons ne manquaient pas pour cela.

D'abord Jean Adinfer et Geneviève de Floodevacque appartenaient à l'élite de la société artésienne.

Tous deux étaient enfants de l'Artois, enfants d'Arras. On les avait vus grandir, et chacun s'était insensiblement attaché à eux parce qu'ils étaient jeunes, parce qu'ils étaient beaux, parce qu'ils plaisaient, parce qu'ils faisaient honneur à la ville.

C'est là un sentiment tout local qu'on ne pourrait ressentir et qu'on comprend difficilement dans une immense cité telle que Paris, où le cosmopolitisme a éteint tout amour-propre de clocher, mais qui a son influence partout ailleurs.

Et puis, il y avait si longtemps qu'il était question de mariage entre les deux jeunes gens, que chacun s'y intéressait et s'en inquiétait à l'égal d'une chose personnelle.

Leur union avait été annoncée, pour la première fois, trois années auparavant.

La célébration devait avoir lieu la semaine suivante...

Mais il s'était passé des semaines et des années, et Jean Adinfer était resté garçon, et Geneviève de Floodevacque était restée demoiselle, — on ne savait par suite de quelle œuvre de Pénélope.

D'abord on avait attribué cette situation à la guerre qui avait éclaté comme un coup de foudre.

Pourtant la guerre n'avait duré que huit mois, et depuis vingt-huit mois que la paix était rétablie, le mariage restait à l'état de projet.

Peu à peu le prétexte de la guerre avait été abandonné.

Alors on s'était demandé si ce retard prolongé ne venait pas de l'aventure dont Jean Adinfer avait été la victime à la Tour de la Tard-Avisée.

Du reste, c'était purement d'instinct que les recherches s'étaient dirigées de ce côté, et les seules bases sur lesquelles on pouvait asseoir l'hypothèse précitée, étaient la blessure de Jean Adinfer et ses instances pour qu'on ne poursuivît pas les Bohémiens.

Néanmoins, de ces deux indices, corroborés par l'ajournement indéfini du mariage de mademoiselle de Floodevacque, on avait tiré la conséquence qu'une beauté bohémienne avait pris le cœur de Jean Adinfer.

La conclusion ne manquait pas de hardiesse.

En apparence rien ne vint la confirmer.

Geneviève et Jean continuaient de se voir comme par le passé, souvent, presque tous les jours.

Ensemble ils allaient aux Allées écouter les concerts du jeudi et du dimanche; ensemble ils se montraient au théâtre; ensemble ils prenaient les bains à Berck sur mer; ensemble ils assistaient aux courses, aux concours et aux grandes manœuvres du camp d'Helfaut, ce centre militaire de la région du Nord.

Ces promenades et ces déplacements avaient lieu, il est vrai, en la compagnie et sous la surveillance du comte de Floodevacque.

Mais comment admettre que le comte de Floodevacque, — plutôt que de l'entretenir, — n'aurait pas brisé dans le cœur de sa fille l'amour qu'elle éprouvait pour Jean Adinfer, — si Jean Adinfer en était devenu indigne!

Il y avait dans tout cela de quoi fournir ample carrière aux imaginations, et celles-ci travaillaient d'autant plus que ni Jean Adinfer ni Geneviève ne faisaient et ne disaient rien qui fût de nature à éclairer de la moindre lueur les doutes et les soupçons.

Et quand on s'étonnait devant le comte de Floodevacque de la lenteur avec laquelle marchait le mariage de sa fille, il répondait avec un bon sourire confiant et satisfait qui chassait pour un instant les idées étranges et les suppositions bizarres:

— Que voulez-vous, c'est un si charmant état celui qui précède le mariage, que Jean, que Geneviève en font durer les émotions le plus longtemps possible... Il dépend uniquement d'eux de cesser d'être des amoureux et de devenir mari et femme...

Que répliquer à de telles paroles?

N'était donc un pli profond qui se creusait parfois entre les deux sourcils de Jean Adinfer, personne ne se serait jamais douté que sa vie recélait le drame sombre dont la Tour de la Tard avisée passait pour avoir été le théâtre.

Enfin ce mariage, qui avait tant préoccupé depuis trois ans, touchait à sa réalisation.

La veille, M. de Floodevacque avait appris à ses amis qu'il ne s'écoulerait pas huit jours avant qu'il ne fût célébré

En même temps il avait résolu de donner dans sa villa de Sainte-Catherine une fête intime en l'honneur de ce qu'il appelait volontiers les fiançailles de ses enfants.

C'est ainsi qu'Arras avait su coup sur coup, à quelques heures de distance seulement, l'annonce du mariage prochain de Geneviève de Floodevacque et l'arrivée d'une troupe de Bohémiens dans ses faubourgs.

La coïncidence toute fortuite de ces deux faits ne pouvait manquer d'être relevée : aussi une des bonnes amies de mademoiselle de Floodevacque s'était-elle écriée :

— Le mariage de Geneviève!... Oh, rien n'est fait, puisque les Bohémiens ont reparu à la Tour de la Tard avisée !...

Toutefois, ce propos n'avait pas empêché qu'il y eut foule chez le comte de Floodevacque et la belle médisante s'était bien gardée de refuser l'invitation qui lui avait été adressée.

Le coteau de Sainte-Catherine et le plateau de Baudimont, — dont la Tour de la Tard avisée n'est que l'avancée, — se font vis-à-vis.

Une vallée étroite et les trois bras de la Scarpe les séparent seuls.

La villa de M. de Floodevacque était située sur les pentes méridionales de la côte de Sainte-Catherine. La maison et le jardin qui descendait par plans inclinés jusqu'à la Scarpe — regardaient Baudimont et la Tour de la Tard avisée, comme Baudimont et la Tour de la Tard avisée regardaient Sainte-Catherine.

Il était environ neuf heures du soir.

Si la fête donnée par le comte de Floodevacque ne touchait pas encore à sa fin, du moins la salle à manger était abandonnée.

On ne dansait pas encore. On était dans ce recueillement sincère que procurent un repas délicat et une digestion facile.

Les hommes fumaient, les femmes causaient.

Heureux d'échapper à l'attention, Geneviève et Jean avaient disparu.

Geneviève avait pris le bras de Jean et avait dit en appuyant avec càlinerie sa tête dorée et blonde sur l'épaule du jeune homme :

— Me suivriez-vous bien au bout du monde, Jean ?

Jean avait répondu :

— C'est bien près !

— Alors enfonçons-nous dans le jardin et descendons jusqu'au bois qui borde la rivière. Vous n'aurez pas peur, n'est-ce pas ?... et nous y serons suffisamment seuls.

Jean se prit à considérer Geneviève d'un air étonné.

Il ne restait sur le visage de mademoiselle de Floodevacque aucune trace de l'émotion qu'y avaient répandue les prédictions de Gitana.

A peine si une ombre plus vive autour des yeux de la jeune fille attestait la vivacité du souvenir qu'elle gardait en elle de sa visite aux Bohémiens.

— Qu'avons-nous besoin d'être seuls ? demanda Jean Adinfer.

— Pour causer...

— Quand on se connaît comme nous nous connaissons, vous et moi, il reste bien peu de choses à se dire.

Geneviève reprit :

— Vous me connaissez, vous, Jean, mais moi, je vous connais à peine...

— Pouvez-vous dire cela, Geneviève, s'écria le jeune homme, lorsqu'il y a des années que nous menons, pour ainsi dire, une existence commune... Je n'ai presque pas eu de pensée que vous n'ayez partagée ..

— Eh bien, moi, fit coquettement Geneviève, j'ai depuis tantôt un secret pour vous...

Jean Adinfer gardant le silence devant cette provocation, Geneviève, qui s'était interrompue, poursuivit :

— Vous ne me demandez pas quel est ce secret, Jean... Est-ce que vous ne vous intéressez plus à moi ?

— Si, Geneviève... Mais un secret est une chose sainte, qui doit être religieusement gardé. Il ne m'appartient pas de vous interroger sur le vôtre... Ce droit précieux, je peux bien le recevoir de vous : — je ne saurais le prendre...

— Quelle distinction subtile !... Ce secret, cependant je veux vous le confier, car je me repens, ainsi que d'une grosse faute, de l'avoir gardé si longtemps à moi seule...

Les deux jeunes gens avaient atteint la partie la plus retirée du jardin de la villa et il leur fallait se frayer un passage à travers le taillis.

Geneviève se serrait contre la poitrine de Jean afin de n'avoir pas le visage fouetté par les branches souples et flexibles qui se croisaient dans tous les sens.

La nuit avait une sérénité admirable, une tiédeur enivrante.

A deux pas coulait la Scarpe.

Retenues qu'elles étaient, en aval par le barrage d'un moulin, ses eaux roulaient sans bruit entre un double rideau de roseaux.

Ce calme et limpide miroir liquide, réflétant doucement à sa surface les étoiles du ciel, jetait insensiblement dans de muettes extases l'âme déjà bercée par le bourdonnement contenu des insectes nocturnes.

Mademoiselle de Floodevacque secoua la première, les rêveries qui l'envahissaient, et d'un timbre qui empruntait à son émotion une harmonie magique :

— Nous sommes venus pour parler de nos affaires, dit-elle ; nous n'avons pas à craindre ici d'être dérangés.

— Je vous écoute, Geneviève.

— Vous savez, débuta la jeune fille, qu'une tribu de Bohémiens a planté ses tentes devant les remparts d'Arras.

— Je l'ai appris cette après-midi.

— Ils ne sont arrivés que de ce matin et c'est précisément la Tour de la Tard avisée qu'ils ont choisie pour s'installer.

— Vous êtes bien renseignée.

— Pas encore autant que je le désirerais...

Du bas-fond où se trouvaient les deux jeunes gens, on distinguait confusément au milieu des ténèbres la masse sombre de la Tour de la Tard avisée.

Les Bohémiens avaient allumé de grands feux dont le flamboyement empourprait l'air au-dessus de leur campement et rougissait les crêtes de la vieille forteresse.

Le regard de Jean Adinfer s'était élevé lentement vers la Tour de la Tard avisée.

— Savez-vous, Jean, fit la jeune fille, qu'il y a trois ans qu'aucun détachement de Bohémiens n'a passé à Arras ?

— Trois ans déjà!... murmura Jean absorbé dans sa contemplation.

— Le temps ne vous a pas semblé long à vous, Jean... Au contraire, ces trois années m'ont paru à moi trois siècles interminables.

Jean Adinfer fit un effort pour chasser les pensées qui l'obsédaient.

— Comme ces Bohémiens vous occupent, Geneviève, dit-il.

— Ils m'occupent beaucoup, en effet ; c'est au point que j'ai voulu les voir.

— Quelle fantaisie !

— Fantaisie si vous voulez, mais fantaisie bien légitime. On a fait tant de contes sur les Bohémiens en général et sur ceux de la Tour de la Tard avisée en particulier! Ainsi ne prétend-on pas dans la ville que la tribu, arrêtée aujourd'hui dans le faubourg Baudimont, est la même qui, il y a trois ans, a fui si précipitamment d'Arras... Pourquoi vous le cacherais-je, Jean? c'est ce soupçon universellement accueilli qui m'a conduite chez les Bohémiens.

Jean Adinfer tressaillit.

— Quoi, Geneviève, dit-il, vous vous êtes hasardée au milieu de ces nomades!

— J'ai eu cette audace et il m'en restera le regret, si je vous ai déplu, Jean...

Geneviève fit une pose pour voir l'effet de ses paroles sur son fiancé.

Ces mots si simples, si affectueux, émurent le jeune homme.

Ils le ramenèrent à la perception nette de la réalité dont l'avait tenu séparé depuis le début de la conversation le réveil soudain de tout un monde de sensations lointaines et de sentiments éloignés qu'il avait crus profondément engourdis, presque effacés.

D'un seul coup son imagination l'avait reporté à trois années en arrière, il avait revu les Bohémiens de la Tour de la Tard avisée ; il avait assisté de nouveau à ce drame mystérieux dont sa blessure avait été le dénouement, et qu'il n'avait jamais confié à personne.

Et c'était Geneviève, — Geneviève dont il allait faire sa femme, — qui l'avait forcé à ce retour sur lui-même, qui jetait dans son âme le trouble, l'incertitude, l'indécision.

Jean Adinfer voulut chercher dans le présent un abri contre ces évocations dangereuses.

— Ma bien-aimée Geneviève, dit-il, est-ce que rien de ce que vous faites peut me causer du déplaisir !

La jeune fille devint radieuse.

— Si vous saviez, Jean, murmura-t-elle, comme votre tendresse me fait de bien, me console, me réjouit, me rend forte !

— Etes-vous donc triste aussi, Geneviève ?

— Le moyen de n'être pas soucieuse, répliqua mademoiselle de Floodevacque, quand je vois que votre front a perdu sa sérénité, votre esprit son expansion, vos lèvres leur sourire, quand vos yeux n'ont plus de regard que pour chercher je ne sais quelle vision envolée, quand notre mariage attend depuis trois ans sa consécration ! La possibilité de n'être pas inquiète lorsque, à la veille d'entrer en possession du bonheur de toute ma vie, je rapporte de chez les Bohémiens de la Tour de la Tard avisée cette prédiction désolante que mon amour pousse dans du sang et fleurit sur une tombe.

— Geneviève, s'écria Jean Adinfer effrayé, au nom du ciel, que vous ont appris ces Bohémiens ?...

— Mais, répondit simplement Geneviève rien de plus que ce que vous venez d'entendre.

Le jeune homme respira longuement.

— Vous m'avez fait peur, dit-il... Je craignais que ces étrangers ne se fussent fait un jeu de votre confiance dans leur prétendu talent de dire l'avenir... Ils se sont contentés de vous voler votre argent... Le mal est moindre !

Et Jean Adinfer éclata de rire.

Mais le rire du jeune homme était forcé.

— Pourtant, Jean, observa Mlle de Floodevacque, la jeune fille qui lisait dans ma main avait un air bien sincère.

— Ah, c'était une jeune fille ! reprit Jean dont la voix éprouva un tremblement involontaire.

Et puis aussitôt, reprenant, pour cacher l'agitation qu'il ressentait, son ton d'ironie froide.

— Ces aventuriers, ajouta-t-il, paraissent toujours convaincus... Autrement, est-ce qu'ils auraient chance d'obtenir la moindre créance !

— Vous avez beau douter, Jean, reprit Geneviève, mon cœur se refuse à croire cette Bohémienne capable de mensonge... Son âge n'en fait encore qu'une enfant et déjà sa beauté éclate et resplendit d'une souveraine façon... C'est un foudroiement qui vous subjugue... Je ne saurais comment vous dire ce que j'éprouvais près d'elle, car j'ignore comment cela s'est fait... mais toute mon affection est allée vers elle et je me suis prise soudain à chérir de toute mon âme cette inconnue de la veille, cette sœur d'aujourd'hui !

Geneviève s'arrêta.

Puis, voyant que son fiancé se taisait.

— Vous ne dites rien, Jean, interrogea-t-elle... Me désapprouveriez-vous ?

— Achevez Geneviève... répliqua le jeune homme d'une voix altérée.

Mlle de Floodevacque continua.

— Et puis, — imaginez cela, Jean, — il paraît, d'après les lignes de ma main, que la destinée de cette jeune fille et la mienne sont étroitement unies l'une à l'autre... Si elle n'a pu m'en dire davantage, si elle n'a pas réussi à découvrir sur qui se fermerait la tombe qu'elle entrevoyait, — sur elle ou sur moi, — c'est que l'avenir lui devient indéchiffrable aussitôt que son propre sort est en jeu.. Tout cela vous semble absurde, peut-être, Jean... Eh bien, comme moi vous auriez foi, si comme moi vous aviez vu et entendu Gitana...

Geneviève parlait autant pour elle que pour Jean Adinfer.

Elle trouvait à se remémorer les détails de sa visite à la Tour de la Tard avisée plus de plaisir encore que de souffrance.

Jean Adinfer l'écoutait, en proie à une émotion sans cesse croissante.

A peine la jeune fille eut-elle prononcé le nom de Gitana, qu'il l'interrompit par un cri d'angoisse affreuse.

— Gitana ! répétait-il, Gitana !...

Geneviève eut l'intuition de la vérité ; d'instinct, elle comprit le déchirement terrible qu'elle venait de provoquer.

— Jean, s'écria-t-elle épouvantée, Jean, ne me maudissez pas, de grâce !...

Le jeune homme était horriblement pâle et la transparence de la nuit permettait de suivre distinctement sur son visage la trace de l'anxiété qui le dévorait.

— Pauvre Geneviève, murmura-t-il dans un élan de compassion infinie, vous avez mis tous vos efforts à ressusciter un passé qui ne vous appartient pas et que je croyais mort !...

Mademoiselle de Floodevacque se rapprocha de son fiancé et, passant doucement son bras droit autour du cou du jeune homme, tandis que sa main gauche s'appuyait sur son épaule :

— Avez-vous cru, Jean, dit-elle en déployant toutes les caresses de sa voix, avez-vous cru qu'on peut à son gré chasser ses souvenirs et supprimer le passé ?... Ce serait trop commode... Voilà trois ans que, jour par jour, minute par minute, je cherche, moi aussi, à éteindre dans mon âme, la mémoire de ce passé que vous vous flattiez, vous, d'avoir enfermé dans votre cœur comme dans un sépulcre inviolable et muet ; et, après trois ans, il se redresse, il me poursuit, il m'accable, aussi inexorable qu'à la première heure ! Croyiez-vous donc que le souvenir de la Tour de la Tard avisée et des Bohémiens ne me torturerait pas sans cesse ! .. Espériez-vous que mon esprit inquiet ne tenterait pas de percer les ténèbres d'une aventure où elle devinait une rivale et dans laquelle faillirent sombrer mes amours !... Vous m'auriez mal connue... Non, Jean, non, le passé ne meurt pas, et la conscience humaine ressemble à cette terre infidèle qui jetait à tous les vents le secret du roi Midas, — tôt ou tard elle éclate !...

Geneviève n'était plus reconnaissable.

Un feu sombre embrasait ses grands yeux d'un gris azuré, ses traits avaient pris l'expression d'une volonté ferme, ses sourcils indiquaient par leur rapprochement une résolution indomptable, sa parole vibrait avec des intonnations brèves, saccadées.

La jeune fille avait disparu devant la femme, et la femme se montrait décidée, vaillante et forte.

Mademoiselle de Floodevacque reprit :

— Accusez donc de fausseté, à présent, les prophéties bohémiennes ! Est-ce que vous n'êtes pas le point de contact découvert par Gitana entre son existence et la mienne ? Et ne faut-il pas que la tombe prenne Gitana la Bohémienne ou Geneviève de Floodevacque, puisque Jean Adinfer ne peut épouser deux femmes !...

Jean frissonna.

Il était atterré.

Mais, comme c'était un garçon de tête, il se redressa aussitôt sous le coup qui le frappait.

En un instant il eut envisagé la situation telle qu'elle se présentait, telle que Mlle de Floodevacque venait de la résumer.

Il vit d'un côté Geneviève, de l'autre Gitana, l'une sa fiancée, l'autre qui s'était donnée à lui avec tout l'abandon et toute la confiance de sa nature primitive et sauvage, — et il comprit que toute préférence de sa part serait en même temps un arrêt de mort.

Et, cependant, il ne pouvait être à la fois à Geneviève et à Gitana !...

Alors tout son sangfroid lui revint, et ce fut d'un ton dont le calme solennel déguisait mal la navrante désolation, qu'il dit à Mlle de Floodevacque :

— Geneviève, ce n'est pas le moment de vous raconter quel charme inexplicable, irrésistible, Gitana a exercé sur moi Je puis encore moins vous rappeler mon amour, si vrai, si sincère pourtant.

— Oh ! Jean, interrompit Geneviève, quelque terrible que soit notre position, je ne doute pas de vous !

— C'est en effet le côté consolant de cette lugubre aventure, reprit Jean, que nous gardons intacts les sentiments d'estime et de foi que nous éprouvions... Mais ce ne sont pas des paroles qui peuvent nous tirer de l'impasse où nous sommes acculés ; il faut des résolutions, des actes... D'issue qui sauvegarde à la fois nos intérêts réciproques et l'honneur, je n'en vois pas, et il est inutile d'en chercher, car il n'en existe pas... Le devoir est tout tracé, il n'indique pas deux partis à prendre... Je ne veux pas pour base à mon bonheur d'un désespoir dont je serais cause, et j'aurai le courage à une époque où cette lâcheté a été érigée en vertu sociale, — de ne pas sacrifier une femme à mon repos, à ma félicité, de ne pas racheter ma vie, dont une nécessité m'impose l'immolation, en jetant comme pâture à la mort une autre existence... Et si je vous cause quelque souffrance, Geneviève, en disposant ainsi de jours que j'avais juré de vous consacrer, vous pourrez du moins rester fière de celui que vous aviez choisi...

— Jean, que voulez-vous donc faire ?

— Mon devoir d'honnête homme, Geneviève, c'est-à-dire mourir !

— Vous, mourir, Jean !

— Et qui voulez-vous donc qui meure à ma place ?

— Vous avez raison... murmura Geneviève.

En même temps, toute l'énergie dont la jeune fille avait fait preuve jusque-là, se fondit.

— Jean, sanglota-t-elle, vous ne quitterez pas seul ce monde où nous pouvions être si heureux, et je réclame une suprême joie, celle de vous suivre... Si je n'ai été que votre fiancée dans la vie, j'entends devenir votre femme dans la mort !...

Et, nouant dans une jalouse étreinte, ses deux bras autour du cou de Jean Alinfer, Geneviève cacha dans la poitrine du jeune homme son beau visage tout inondé de larmes.

V

Après son entretien avec le chef de la trib , Gitana était restée seule sur le sommet de la Tour de la Tard avisée.

Bagdaï parti, elle avait relevé la tête.

Ses larmes étaient taries, mais une expression désespérée animait ses yeux séchés par la fièvre qui la brûlait.

Après avoir erré un instant dans la vallée de la Scarpe, toute inondée à cette heure des vapeurs et des ombres du soir, son regard se reporta, empreint d'une morne désolation, du campement bohémien à la villa du comte de Floodevacque, dont Bagdaï, par un raffinement de cruauté farouche, avait eu soin de lui indiquer la situation.

La villa conservait le même air de fête que le Bohémien avait signalé à la jeune fille.

Le spectacle de cette joie, faite de sa douleur et dont les échos parvenaient jusqu'à elle, arracha à Gitana un long soupir dans lequel passèrent toute son âme, toutes ses aspirations, tous ses regrets, tout le deuil qui remplissait son cœur, toute l'amertume de ses pensées.

Ses paupières, redevenues humides, s'abaissèrent sur les bas-fonds qui s'étendaient à cent mètres sous ses pieds, au bas des rampes abruptes qui sont, de ce côté, la limite extrême du plateau de Baudimont.

Mais, où qu'elle tournât ses yeux, la

vue des lieux qui l'environnaient, ne lui causait que souffrance.

C'était la seconde fois que sa destinée la ramenait dans cette contrée.

Quel changement en elle depuis son premier séjour et même depuis le matin seulement de cette journée qui s'achevait si tristement!

Trois années auparavant, elle était arrivée à Arras l'esprit libre, l'âme insouciante, le cœur vide, vivant parce qu'elle était au monde, sans but, sans projets, sans désirs, sans appréhensions surtout.

Il avait suffi d'une heure pour que cette quiétude disparût à jamais !

Et pourtant, dans les tortures que lui apportait ce retour sur son existence, il y avait aussi d'âpres sentiments de jouissance.

N'était-ce pas là, sur cette Tour de la Tard avisée, qu'elle avait rencontré Jean Adinfer...

Comme tant d'autres, Jean Adinfer avait voulu visiter le camp des bohémiens.

Pauvre Jean, il se proposait d'étudier les mœurs de ces populations nomades...

Il n'avait vu que Gitana !

Sans se chercher, les yeux des jeunes gens s'étaient trouvés, et ils n'avaient plus pu les séparer.

Le regard de Jean Adinfer n'avait pas plutôt eu rencontré celui de la jeune bohémienne que, brûlé par les chaudes caresses, fasciné par l'irrésistible séduction qui se dégageaient des prunelles de Gitana, Jean Adinfer, perdant toute conscience de lui-même, toute force de résistance, tout libre arbitre, avait été aussitôt à Gitana plus étroitement que l'esclave n'est au maître.

Gitana avait reçu le contre-coup du charme étrange qu'elle exerçait.

Elle avait été prise par l'amour, brusquement, à l'improviste, sans qu'elle y eût réfléchi, sans qu'elle sût, qu'elle se doutât même de ce que c'était, comme l'oiseau qu'un tourbillon saisit tout à coup dans l'air pour le lâcher seulement lorsqu'il l'a jeté sur le sol, les plumes arrachées, les ailes brisées, le corps meurtri.

Elle n'avait cherché ni à s'expliquer, ni à analyser les sentiments nouveaux s'emparant d'elle; elle les avait subis avec toute l'extase et tout le ravissement de sa jeunesse et de son innocence.

Dans leur première entrevue, il n'y avait pas même eu une parole échangée entre Gitana et Jean Adinfer.

Néanmoins, en vertu de cette mystérieuse entente qui s'établit soudain entre deux cœurs qui s'aiment, le soir, quand la nuit eut jeté ses ténèbres sur Baudimont et les prairies de la Scarpe, Gitana et Jean Adinfer s'étaient retrouvés au pied de la Tour de la Tard avisée.

Il en fut de même les soirs suivants.

De telles amours ne pouvaient longtemps demeurer secrètes.

Une nuit Bagdaï se dressa, menaçant, entre les deux jeunes gens.

Ce fut la fin de leur rêve.

Le lendemain les Bohémiens avaient disparu de la Tour de la Tard avisée, laissant, comme trace de leur passage et de leur vengeance, Jean Adinfer, blessé, sans connaissance, mourant.

Après ce dénoûment sanglant, il avait bien fallu que Gitana suivît les Bohémiens dans leur fuite.

Pendant trois ans elle avait accompagné la tribu dans ses voyages à travers l'Europe; mais, au milieu de ces pérégrinations interminables, Gitana avait gardé religieusement dans son cœur tous les enivrements qu'y avaient portés ses rapides et tragiques amours avec Jean Adinfer.

L'éloignement, le temps, n'avaient fait qu'accroître sa passion et, si elle n'avait pas succombé au chagrin, c'est que l'espoir un espoir invraisemblable, impossible, l'avait soutenue.

Et quand, après ces longues et mortelles années d'épreuve, elle avait su que la tribu reprenait la route de France, quand elle avait appris qu'elle se dirigeait vers Arras, quand elle avait su qu'elle s'y arrêterait, elle avait bondi de joie, de bonheur, sans rechercher si ce n'était pas à un calcul infernal de Bagdaï que ce retour était dû.

Elle n'avait qu'une pensée, — revoir Jean Adinfer !

Mais voilà que, dès le premier jour, la visite de mademoiselle de Floodevacque à la Tour de la Tard avisée et les révélations de Bagdaï chassaient de l'imagination de la jeune fille toutes les illusions heureuses, toutes les riantes perspectives qu'elle y avait amassées avec tant de complaisance.

Cette chûte de ses plus chères espérances accabla Gitana.

— Est-ce donc à Geneviève qu'il faut que je dispute Jean ? murmura-t-elle avec tristesse.

Pourtant Gitana n'éprouvait seulement pas un regret d'avoir ressenti cette fatale sympathie qui, de deux rivales, avait fait de Geneviève et d'elle deux sœurs, dont l'une au moins, était condamnée au plus terrible sacrifice qu'une femme puisse concevoir, le renoncement à l'homme qu'elle adore.

— Si près l'un de l'autre, soupira Gitana, et si loin !...

Puis, après avoir mesuré la distance qui séparait le plateau de Baudimont et la séparait elle-même de la côte de Sainte-Catherine, elle ajouta :

— N'importe, dit-elle, c'est de lui seul que je veux connaître mon sort...

Et Gitana se leva résolûment.

Debout sur la crête de la Tour de la Tard avisée, elle jeta un regard inquiet dans le campement bohémien.

Nul ne faisait attention à elle, excepté Bagdaï qui, placé vis-à-vis de la jeune fille, lançait de temps en temps dans sa direction un regard ardent et sombre.

Gitana n'eut pas une seconde d'hésitation.

— Dût Bagdaï me tuer, reprit-elle, il faut que je revoie Jean Adinfer ! ..

Et elle se laissa glisser le long du talus.

En bas de la Tour de la Tard avisée, la jeune fille rencontra la rivière.

Derrière ce premier bras de la Scarpe, qui est le moins large, il y en a deux autres qui doivent être également traversés avant d'atteindre Sainte-Catherine.

Cette voie est la plus courte parce qu'elle est la plus directe, parce qu'elle évite un long détour par le chemin de la ci-devant croix d'Emincourt qui longe les remparts d'Arras, ou un plus long par Anzin-Saint-Aubin ; — en même temps aussi, elle est la plus dangereuse.

Mais Gitana qui devinait bien que Badgaï s'élancerait à sa recherche dès qu'il ne l'apercevrait plus, et qu'il lui refuserait, s'il la rejoignait, jusqu'à la consolation suprême de se retrouver auprès de Jean Adinfer, Gitana ne pouvait que prendre la route la plus abrégée,

La jeune fille s'enfonça dans les prairies.

Elle les connaissait assez, du reste, pour s'aventurer sans péril au milieu de ces hautes herbes et de ces roseaux épais qui cachent l'eau à moins d'un pas de distance.

Elle savait que, pour faciliter le passage des faucheurs qui font à la fin de juillet une seconde coupe de foin, des planches, jetées sur la rivière, mettent en communication constante les diverses parties des prés de la Scarpe.

Sa marche était rapide.

A chaque bras de rivière qu'elle venait de traverser, elle retirait la planche servant de pont, afin d'arrêter ou au moins de retarder Bagdaï, s'il la poursuivait.

Plus elle approchait, plus l'émotion, dont la jeune fille subissait l'étreinte, devenait vive.

Enfin elle posa le pied dans le jardin de la villa du comte de Floodevacque.

Son cœur se serra horriblement.

Elle s'arrêta et écouta.

Le murmure étouffé et contenu d'une conversation vint jusqu'à elle.

Elle prêta plus attentivement l'oreille.

Gitana était comme paralysée.

Les pieds rivés au sol, mais le corps penché en avant, les bras étendus et cherchant un point d'appui, les yeux fixes, elle demeurait immobile.

Elle avait reconnu le timbre si frais, si pur de Geneviève de Floodevacque et l'accent vibrant de Jean Adinfer

Puis tout se tut.

Un moment après, elle perçut le bruit de sanglots entrecoupés.

— Ils souffrent, eux aussi... murmura-t-elle.

Gitana fit alors un violent effort pour s'arracher à la prostration qui l'anéantissait.

L'énergique fille de Bohême, un moment amollie par la douleur, reparut.

Elle pénétra dans le taillis où Mlle de Floodevacque avait entraîné Jean Adinfer.

Elle marchait sans précaution ; les feuilles mortes et l'herbe sèche craquaient sous son pied nu, mais ni Geneviève ni Jean ne l'entendirent ni ne la virent venir, absorbés qu'ils étaient dans leur douleur.

Gitana contempla une minute les deux jeunes gens et une larme perla au coin de sa paupière.

— Dois-je donc briser leur amour ?.. soupira-t-elle.

Et elle reprit avec découragement.

— Voilà donc ce que l'amour fait de nous, des martyrs .. C'est égal, ajouta-t-elle aussitôt, je préfère encore les tortures qui sont aujourd'hui dans mon cœur, au vide que j'y sentais jadis !...

Gitana était tout près de Mlle de Floodevacque et de Jean Adinfer ; elle entendait leur respiration troublée, elle percevait presque les battements de leur cœur.

— Jean.. Geneviève !.. fit elle.

Jean Adinfer et Geneviève de Floodevacque tressaillirent.

Ils se redressèrent en même temps, mus par le même sentiment de surprise d'entendre prononcer leurs noms.

Et, cherchant autour d'eux qui pouvait les appeler, ils aperçurent la jeune Bohémienne.

— Gitana !... s'écrièrent-ils à la fois.

— Ne m'attendiez-vous pas ? demanda simplement Gitana.

Et, comme la surprise coupait la parole à Mlle de Floodevacque et à Jean Adinfer, Gitana reprit :

— M'avez-vous donc oubliée si complètement Jean ? Et vous, Geneviève, ne vous avais je pas promis d'être là quand il s'agirait de vous sauver ?

— Me sauver, balbutia Geneviève ?... Tout est fini pour moi à présent...

Gitana attira doucement Geneviève dans ses bras et la serra tendrement contre son sein.

— Qui sait ?... dit-elle.

Jean Adinfer éprouvait une angoisse sans nom, en présence de Geneviève et de Gitana, toutes deux trop ardemment et trop honnêtement aimées pour qu'il consentît à faire un choix entre elles.

— Vous oublier, Gitana !... fit-il avec reproche. Je vais mourir pour m'être trop souvenu !

Et son regard s'attachait, égaré, sur la jeune Bohémienne

— Ah ! murmura Mlle de Floodevacque, vous n'êtes pas, Gitana, de celles qu'un homme oublie quand il veut. . Voilà trois ans que votre souvenir fait obstacle à mon mariage, trois ans qu'il tient en suspens mon bonheur, et, après trois années de séparation et d'absence, il est si vivace encore qu'il ne laisse plus au fiancé que j'allais épouser et que je chéris malgré tout, d'autre refuge que la mort, où j'ai résolu de le suivre !... Assurément non, vos prédictions n'étaient pas menteuses !

A ces mots, il passa sur le front et dans les yeux de Gitana comme un orgueilleux éclair de triomphe.

— Pauvre Geneviève ! dit-il.

— Oh ! oui, plaignez-moi, continua Geneviève, car jamais sort ne fut plus lamentable.

— Il faut espérer.

— Je n'espère plus en rien.

— C'est un tort.

— D'où viendrait le salut?

— De moi qui vous aime, Geneviève, de moi qui vous ai promis d'être près de vous quand la mort vous menacerait.

— C'est au-dessus de vos forces et de votre pouvoir.

— Et si Jean se résignait à vivre?

— Son devoir, son honneur le lui défendent.

— Mais si je lui commandais, moi?

Geneviève et Jean fixèrent avec stupéfaction la jeune Bohémienne.

Gitana reprit avec explosion :

— Je ne veux pas que Jean meure!

— Et comment cela se pourrait-il, répliqua Geneviève d'un ton désespéré, puisque, plutôt que de tuer l'une de nous deux en choisissant l'autre pour femme, Jean Adinfer aime mieux, en se tuant lui-même, nous tuer toutes deux!

— Vous avez raison, Geneviève, c'est assez d'une mort.

Et Gitana s'arrêta, haletante, oppressée.

Mlle de Floodevacque et Jean Adinfer attendaient dans une anxiété horrible qu'elle continuât.

Après une pause de quelques secondes, la jeune Bohémienne reprit :

— Et comme il faut une victime quand même, eh bien, je serai cette victime!

— Gitana! . se récria Geneviève.

— Gitana!... protesta Jean Adinfer.

Et, saisissant dans les siennes les mains de la Bohémienne, Jean Adinfer poursuivit d'une voix grave et émue :

— Gitana, il n'y a qu'un coupable qui est moi... J'ai eu des torts immenses envers vous, Gitana, envers Geneviève, ne m'enlevez pas le mérite de les expier.

Gitana interrompit le jeune homme.

— Ecoutez-moi, Jean, dit-elle, écoutez-moi, Geneviève... Vous vous aimiez depuis longtemps... C'est moi qui suis venue porter le trouble dans votre existence... C'est à moi de me sacrifier... Que perdrai je, d'ailleurs, en perdant la vie? .. Les joies que j'ai goûtées ont été bien courtes, sans doute, mais enfin je les ai connues, tandis que vous, Geneviève, vous partiriez avec le regret de les avoir ignorées .. Et puis, bien que l'amour nous ai rapprochés quelques jours, nous n'étions pas faits l'un pour l'autre, Jean et moi... Nous appartenons à deux sociétés différentes, presque ennemies.. Est-ce que vous sauriez, Jean, vous accommoder de la vie errante que mènent ceux de ma race? Est ce que, moi, je pourrais me plier aux usages de votre nation? Vous voyez bien que c'est de moi que doit venir le sacrifice!

Gitana était anéantie.

Mlle de Floodevacque et Jean Adinfer l'avaient écoutée en silence.

Tant d'abnégation les confondait

Les sentiments qu'éprouvait Geneviève surtout ne pourraient être traduits.

Il lui semblait qu'elle allait franchir le seuil d'un autre monde.

Toutefois le changement avait été tellement subit qu'elle n'osait croire encore à un si grand bonheur.

Jean, lui, gardait un visage impénétrable.

— Eh bien, Jean?... interrogea Gitana.

— Eh bien?... répéta Geneviève au comble de l'anxiété.

— Eh bien! Gitana, répondit lentement Jean Adinfer, le mouvement auquel vous avez obéi est sublime... Au contraire, celui qui me porterait à accepter votre dévouement me rendrait méprisable à vos propres yeux, aux yeux de Geneviève et aux miens.... Ma destinée est faite, j'y vais franchement, loyalement, sans vouloir la changer au détriment de qui que ce soit et cherchant ma seule consolation dans l'amour que j'aurai fait naître ici bas, dans le regret de ceux qui m'auront chéri, et dans la vieille devise française qu'on est toujours fier de pouvoir redire : — Tout est perdu, fors l'honneur!

— Ah! cette fois, soupira Geneviève, tout est bien fini!

Et de ses deux mains, elle se retint à Gitana pour ne pas tomber.

— Ne doutez pas encore, murmura la Bohémienne.

— Sur quel incident comptez-vous donc désormais ?

Gitana était devenue attentive.

— Silence ! dit-elle tout à coup.

Tous trois se prirent à écouter.

Au bout de quelques instants, Geneviève que la peur faisait frissonner, demanda à voix basse :

— Que distinguez vous ?

— Qu'y a-t-il ? demanda à son tour Jean Adinfer.

— J'entends des pas... On vient de ce côté...

— Peut-être nous cherche-t-on, Geneviève... insinua Jean Adinfer

Gitana secoua la tête.

— Les pas ne viennent pas de la direction de la villa, fit-elle... Oh! je les connais bien, je ne saurais m'y tromper..

— Fuyons! fit Mlle de Floodevacque.

— Il est trop tard! s'écria la Bohémienne. Le voilà... Il approche... il vient me chercher... il veut m'emmener... Jean, défendez-moi!

Et, quittant Geneviève de Floodevacque, Gitana alla se blottir, toute tremblante, dans les bras de Jean Adinfer.

En ce moment, les roseaux qui bordaient la Scarpe s'écartèrent, et une ombre humaine se profila sous la lune.

Geneviève et Jean Adinfer reconnurent Bagdaï.

Guidée par son instinct et ses craintes, Gitana, elle, avait deviné le chef des Bohémiens de la Tour de la Tard avisée.

VI

C'était Bagdaï.

Il n'avait pas eu plutôt remarqué la fuite de Gitana que, abandonnant le camp et bien certain que la jeune fille n'avait pu que se diriger vers la villa du comte de Floodevacque, il s'était précipité sur ses traces.

Les précautions prises par Gitana avaient bien retardé quelque peu sa marche, mais, soit en amont, soit en aval de la Scarpe, il avait aisément trouvé d'autres passages.

Une fois le troisième bras de la rivière traversé, il lui avait suffi de suivre le bord pour gagner les jardins de la villa.

A travers les haies séparant la propriété du comte de Floodevacque des terrains voisins, il avait épié et, dès qu'il eût acquis l'assurance que Gitana, Geneviève et Jean Adinfer étaient seuls, il s'était montré.

L'apparition soudaine du Bohémien n'avait pas moins épouvanté Geneviève de Floodevacque que Gitana.

— Vous demandiez tout-à-l'heure, murmura Gitana en s'adressant à Geneviève qui tremblait de tous ses membres, vous demandiez sur quel incident je comptais encore... Vous le voyez maintenant.

Jean Adinfer avait gardé tout son calme.

Il fit quelques pas au devant du Bohémien.

— De quel droit, dit-il, pénétrez-vous ici ?

Bagdaï planta sa longue canne en terre et sourit.

— Mademoiselle de Floodevacque, déclara-t-il, ni son fiancé n'ont rien à redouter de moi...

— Que voulez-vous ? insista Jean Adinfer.

— Je désire seulement, poursuivit Bagdaï, ramener au camp une fille de Bohême qui s'en est enfuie... C'est doublement mon droit comme chef de tribu et comme parent de la fugitive.

— Oh ! Jean, supplia Gitana, ne me livrez pas à cet homme !...

Le Bohémien poussa un sourd rugissement à cette protestation de la jeune fille.

Jean Adinfer répliqua d'un ton ferme :

— Bagdaï, il se peut que vous ayez les droits que vous dites... En ce cas il vous suffira, pour les faire reconnaître et pour obtenir satisfaction, que vous vous adressiez aux lois françaises auxquelles vous êtes soumis durant le temps de votre séjour en France... D'ici là, je continuerai à me faire le protecteur de Gitana, selon son désir.

Bagdaï eut un ricanement farouche.

— Gitana est une fille de Bohème, répéta-t-il, elle subira les coutumes de sa nation... Il faut qu'elle revienne au camp... De gré ou de force, elle me suivra...

Et Badgaï, arrachant de terre sa longue canne, la brandit d'un air terrible.

A mesure que le Bohémien s'irritait, Jean Adinfer affectait davantage de flegme.

— Vous vous trompez, Badgaï, répondit-il. Gitana — qui vous hait — ne retournera pas avec vous... Il est inutile que vous persistiez... Maintenant, croyez-moi, retirez-vous et ne me faites pas souvenir que nous avons de vieux comptes à régler ensemble.

Le Bohémien était en proie à une exaspération furieuse.

— Mes comptes, dit-il je vous ai déjà enseigné comment je savais les clore... Vous avez envie, peut-être, que je renouvelle la leçon... Prenez garde, elle pourrait être plus sérieuse que la première!...

Jean Adinfer haussa les épaules avec dédain.

— Malheur à vous! gronda Bagdaï.

Et, se reculant de deux pas, il fit tournoyer dans l'air sa longue canne.

Muettes d'effroi, serrées étroitement l'une contre l'autre, Mlle de Floodevacque et Gitana assistaient en silence à cette scène.

Au mouvement que fit le Bohémien, Gitana, quittant Geneviève, s'élança devant Jean Adinfer.

— Jean, s'écria-t-elle, il vous tuerait? Défendez-vous...

En même temps, tirant de son sein un court poignard qui ne la quittait pas depuis qu'elle connaissait l'amour sauvage éprouvée pour elle par Bagdaï, la jeune Bohémienne le mit dans la main de Jean Adinfer.

Mais, avant que le jeune homme songeât seulement à parer le coup suspendu en l'air, le jonc flexible siffla, fendit l'espace, et le fer de hache, lourd et coupant, qui en formait l'extrémité, frappa au front Gitana qui avait voulu couvrir de son corps celui qu'elle adorait.

— Ah! misérable! s'exclama Jean Adinfer.

Et, déposant dans les bras de Geneviève de Floodevacque Gitana qui se soutenait à peine sur ses jambes, Jean Adinfer se rua d'un vigoureux élan contre Bagdaï.

Le Bohémien n'eut pas le temps de relever sa canne.

Le poignard de Jean Adinfer lui laboura la poitrine et la gorge de deux blessures mortelles.

Bagdaï ne tomba pourtant pas tout de suite.

Il resta debout cinq minutes encore, inondé par le sang qu'il perdait, se cramponnant à chaque arbuste, à chaque branche qui se rencontraient sous ses mains, reculant pas à pas et chancelant sur ses jambes.

Tout à coup, les deux pieds lui manquèrent à la fois, il tomba à la renverse et roula dans la Scarpe...

Aussitôt débarrassé de son adversaire, Jean était accouru auprès de Gitana.

La jeune Bohémienne avait le crâne ouvert.

Geneviève de Floodevacque l'avait allongée sur le gazon et tenait sa tête sur ses genoux.

Gitana perdait rapidement ses forces, sa connaissance s'éteignait peu à peu.

Elle reconnut néanmoins Jean Adinfer.

Alors, réunissant dans ses mains déjà froides, les deux mains de Geneviève et de Jean :

— Je vais mourir, murmura-t-elle; il est inutile de me le dissimuler... J'étais l'obstacle à votre bonheur et je disparais... Si vous m'aimez, si vous voulez que je meure consolée, — car c'est une consolation pour ceux qui s'en vont, que d'être rassurés sur le bonheur des être chéris qu'ils laissent derrière eux, — jurez-moi que ma mort n'apportera aucun retard à votre mariage. .

Mlle de Floodevacque et Jean Adinfer pleuraient à chaudes larmes.

— Je le jure, dit Geneviève.

— Je le jure, sanglota Jean.

Et Geneviève et Jean, se penchant sur Gitana, déposèrent chacun un baiser sur les lèvres de la jeune fille.

— Une dernière prière? dit encore Gitana... Quand je ne serai plus, ne m'enterrez pas loin de vous... Je veux que les échos de votre joie viennent me trouver jusqu'au fond de ma tombe...

Et, après un silence :

— Mes prophéties se sont accomplies... Ne vous avais-je pas promis, Geneviève, de vous sauver...

Ce furent les dernières paroles de Gitana.

Elle vécut cependant encore jusqu'au lendemain, veillée par Mlle de Floodevacque et par Jean Adinfer, qui ne la quittèrent pas un instant.

Au point du jour elle rendit l'âme.

TABLE

DU MÊME AUTEUR

Chênedollé et Bérat............... 1 in-8°.

SOUS PRESSE

Fleur de pétrole, épisode de la Commune

Le royaume d'Empoigne.

Paris 4 Juin 1917

Monsieur le Directeur

Je vous adresse, en même temps que ces lignes, pour la Bibliothèque nationale, un imprimé dont le dépôt n'a pas dû être fait, car je ne vois pas figurer l'ouvrage au Catalogue général, lettre C. — à moins qu'il n'ait été réservé pour la lettre R, ce qui serait d'ailleurs mieux sa place.

La valeur de cet imprimé, pour la Bibliothèque, peut consister dans sa rareté. Il a été tiré à petit nombre et la plus grande partie des exemplaires, restés à Cambrai, ont été détruits par les allemands au moment de l'invasion 1914

Veuillez agréer, Monsieur le Directeur, l'expression de mes sentiments les plus distingués

Roland de Cadelhac

www.ingramcontent.com/pod-product-compliance
Ingram Content Group UK Ltd.
Pitfield, Milton Keynes, MK11 3LW, UK
UKHW022128190726
13855UKWH00003B/1067

9 782013 069212